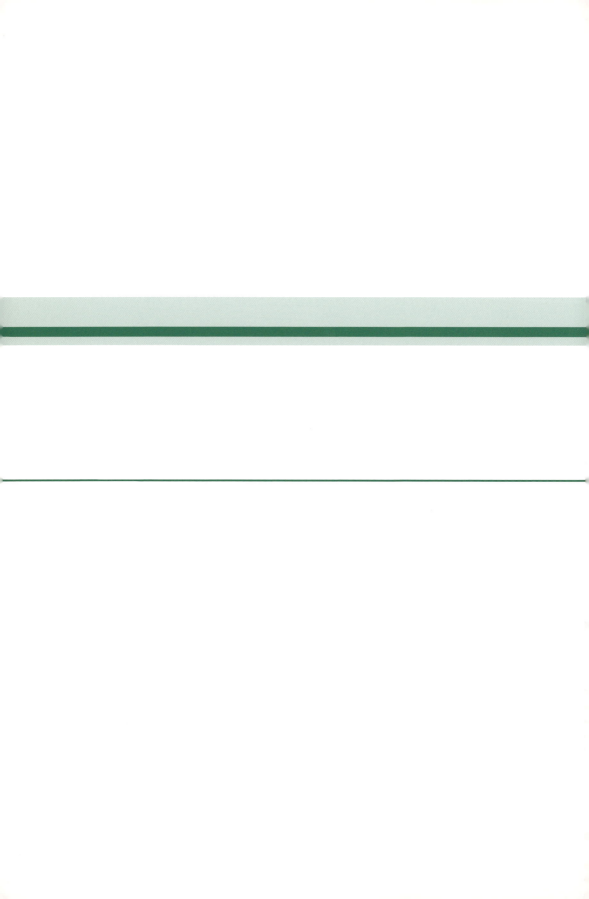

《第三次气候变化国家评估报告》特别报告

# 气候变化对我国重大工程的影响与对策研究

丁一汇　杜祥琬／主编

科学出版社

北京

# 内 容 简 介

作为《第三次气候变化国家评估报告》特别报告,本报告基于中国过去 50 年的气候演变及未来气候变化的预估,以青藏铁路(公路)工程、高速铁路工程、重大水利水电工程、电网工程、生态安全工程、沿海城市及工程为主要重大工程,评估了气候变化对其影响,并指出气候变化对重大工程的影响涉及国家安全,需要加强气候变化与重大工程的相关科学研究,做好重大工程应对气候变化的前期规划与设计,开展气候变化对重大工程影响的专项评估,加强重大工程应对气候变化的综合管理等相关建议。

本报告可供气候变化研究、社会发展战略研究、经济、水利、能源、交通、电力、城市规划、城市管理等领域的人员研究参考,也可供大中专院校的师生参考。

**图书在版编目(CIP)数据**

气候变化对我国重大工程的影响与对策研究:《第三次气候变化国家评估报告》特别报告 / 丁一汇,杜祥琬主编 . —北京:科学出版社,2016
ISBN 978-7-03-046831-4

Ⅰ.①气⋯ Ⅱ.①丁⋯ ②杜⋯ Ⅲ.①气候变化–影响–重大建设项目–研究–中国 Ⅳ.①F282

中国版本图书馆 CIP 数据核字(2015)第 308460 号

责任编辑:李 敏 王 倩 / 责任校对:邹慧卿
责任印制:张 倩 / 封面设计:无极书装

科 学 出 版 社 出版
北京东黄城根北街 16 号
邮政编码:100717
http://www.sciencep.com

中国科学院印刷厂 印刷
科学出版社发行 各地新华书店经销

*

2016 年 1 月第 一 版 开本:720×1000 1/16
2016 年 1 月第一次印刷 印张:8 插页:2
字数:200 000
**定价:78.00 元**
(如有印装质量问题,我社负责调换)

# 序

气候变化是当前国际社会普遍关注的全球性重大问题。地球正在经历以全球气候变暖和极端气候事件频率、强度增加为主要特征的气候变化，气候变化和极端天气气候事件正严重影响着世界各国的经济社会发展，阻碍了全球可持续发展战略目标的实现。

政府间气候变化专门委员会（IPCC）第五次评估报告中指出，气候变化对许多国家关键基础设施的影响将影响国家的安全策略。受气候变化影响，气温升高，降水强度反常，冰川融化，海平面上升，气候变化还导致更多的极端天气气候事件发生甚至引发灾害，这些变化相应增大了我国重大工程未来安全运行的风险。

近几十年来，我国重大工程建设的数量和规模不断增加。气候变化，特别是气温升高、降水强度反常以及极端天气气候事件频发，会通过影响重大工程的设施本身、重要辅助设备以及重大工程所依托的环境，从而进一步影响工程的安全性、稳定性、可靠性和耐久性，并对重大工程的运行效率和经济效益产生一定影响，气候变化还对重大工程的技术标准和工程措施产生影响。过去几十年来，气候变化对重大工程的影响在运行中已经显现出来，其在未来气候变化背景下对工程可能会有进一步影响，进而会影响到经济可持续发展、社会安全、基础设施安全，需要引起重视和足够认识。

本报告从我国气候变化的事实和未来气候变化情景预估出发，对我国水工程和水安全、道路工程、能源工程和安全、沿海工程安全、生态工程、电网安全六个领域中已建和在建的重大工程进行气候变化影响评估并提出了对策建议，是一项非常有意义的事情，希望以此工作作为新的起点，进一步认识气候变化对我国重大工程带来的可能风险，并开展相应的研究和评估。

秦大河

2015 年 11 月

# 前　言

　　气候变化问题是各国政府和公众关心的一个重大问题，关系到人类生存的地球环境的变化和经济社会的可持续发展。近百年来全球变暖趋势在持续，同时中国的高温、强降水、干旱、台风、低温等极端天气气候事件的频率和强度也在全球变暖背景下发生着变化。

　　许多重大工程的建设，包括从勘察、设计、施工到建成后运行管理，都离不开气候因素。交通大动脉建设与其所经过地区的温度、降水有密切关系。铁路建设尤其是骨干线路建设长达数千公里，穿越不同类型的气候区，气候类型不同，对铁路影响也不同。已建和在建工程中的有些工程由于事前设计人员对气候和环境生态缺乏足够的重视，因而带来了严重的环境后果与交通事故。水利水电工程建设特别是水库的建设在充分利用和合理调配水资源、抗干旱防洪涝、保障人民生活、发展国民经济等方面发挥着重大的作用。水库的建设和运行，在很大程度上受到气候及其变化的影响。现在越来越认识到，任何一项重大工程在建设和运行期，都要充分考虑气候的可能影响。

　　因此，不但要研究影响我国经济发展的区域性重大工程所面临的气候变化风险，而且要研究面临气候变化形势下，承受的由极端天气气候事件产生的新的风险，及其对重大工程的安全运行可能存在的影响，并提出在工程设计和运行管理上适应气候变化的新的措施。本项目的研究不仅是一个科学问题，更是环境问题、能源问题、经济问题、安全问题、社会问题，对于提高重大工程应对气候变化和极端天气气候事件的防御及其应对决策能力，促进我国经济社会持续、健康、快速发展，增强综合防灾减灾的安全保障能力，实现全面建设小康社会的宏伟目标，具有重要的战略和现实意义。

本报告是在科技部主持的《第三次气候变化国家评估报告》总体设计下，由中国工程院负责组织和完成的一个专题部分。在编写过程中得到了各有关部门和专家的大力支持。陈鲜艳研究员对本报告的综合做了不少工作，中国工程院的环境与轻纺工程学部办公室也做了大量的组织工作，特此表示感谢。

2015 年 11 月

# 目　　录

# 摘　　要

本报告研究了气候变化对我国重大工程的影响，并提出了对策建议。

## 一、气候变化的观测事实及其未来变化

全球变暖趋势在持续。近百年来，中国地表年平均气温呈显著上升趋势，平均增幅为 0.09℃/10a，并伴随明显的年代际变化特征。20 世纪 50 年代以来中国的增温幅度为 0.25℃/10a，特别是 1997 年以来，中国年平均气温持续偏高。在实际的气温变化中具有明显的季节性和区域差异，中国不同气候区升温幅度差异明显，青藏地区增温速率最大，西南地区升温相对较缓。近百年中国平均年降水量表现出显著的年际和年代际变化特征，无明显线性变化趋势。中国不同气候区年降水量均表现出明显差异，东北地区、华北及黄淮平原、华中地区、西南地区降水量减少，华南、东南、西北和长江下游地区降水量呈增加趋势。中国平均年雨日数呈显著减少趋势，而暴雨日数呈增多趋势。近 50 年来中国十大流域中松花江、珠江、东南诸河、西南诸河和西北内陆河流域地表水资源总量总体表现为增加趋势，辽河、海河、黄河、淮河和长江流域则表现为减少趋势。中国的高温、强降水、干旱、台风、低温等极端天气气候事件的频率和强度存在变化趋势，特别是 21 世纪以来，伴随全球气候变暖，极端天气气候事件出现的频率增加、强度增大。

在全球气候变暖的大背景下，全球平均海平面持续上升。自 1961 年以来，全球海平面上升的平均速率为每年 1.8mm，而从 1993 年以来平均速率

为每年 3.1mm。1980~2013 年，中国沿海海平面平均上升速率为 2.9mm/a，高于全球平均水平。

未来 10~50 年，在三种典型浓度路径（RCPs）情景下中国区域平均温度将持续上升，2030 年前增温幅度、变化趋势差异较小，2030 年以后不同 RCPs 情景表现出不同的变化特征。2011~2100 年在 RCP2.6、RCP4.5、RCP8.5 情景下的增温趋势分别为 0.08℃/10a、0.26℃/10a、0.61℃/10a。我国年均温度增幅总体上从东南向西北逐渐变大，北方地区增温幅度大于南方地区，青藏高原地区、新疆北部及东北部分地区增温较为明显。

RCPs 情景下中国区域平均年降水将持续增加，21 世纪的前 30 年，三种排放情景下，降水将会增加2.5%左右，在 2060 年前三种情景下的增加幅度、变化趋势差异也较小，2060 年以后不同 RCP 情景则表现出不同的变化特征。2011~2100 年在 RCP2.6、RCP4.5、RCP8.5 情景下增加趋势分别为 0.6%/10a、1.1%/10a、1.6%/10a。中国大部分地区降水都表现为增加，西北地区、华北地区、东北地区降水增加幅度相对较大。但在 21 世纪以来的 30 年中国南方地区降水可能会减少。21 世纪的中期和后期，我国华北地区的降水将会增加25%左右，东北和西北地区会增加20%。

本报告基于以上气候演变及未来变化的预估，提出了气候变化对重大工程的可能影响及其对策。

## 二、气候变化对重大工程的影响及其对策

### 1. 气候变化对重大工程的综合影响

全球气候变化，特别是升温、降水增多以及极端天气气候事件频发，普遍会通过影响重大工程的设施本身、重要辅助设备以及所依托的环境，来进一步影响工程的安全性、稳定性、可靠性和耐久性。

全球气候变暖情景下温度、降水的季节变化，海平面上升，极端气候事

件频发等现象对绝大多数重大工程的运行效率和经济效益都有一定影响，包括工程本身的运行效率、作用意义、工程成本、经济效益等。

目前重大工程的设计与施工已经根据相关技术标准考虑了多种风险要素，但是随着全球气候变化、极端气候事件突发，以及工程的设计建造年代逐渐久远，气象灾害给这些重大工程的工程技术标准等带来了新的挑战。

## 2. 气候变化对青藏铁路（公路）的影响与对策

青藏铁路沿线多年冻土含冰量高、地温变化复杂，尤其是高温极不稳定冻土区范围广，高含冰量冻土段落长，对气候变化更为敏感和复杂。自2006年开通运营以来，冻土区线路基本稳定，保证了多年冻土区旅客列车100km/h 安全运行。但高原多年冻土环境极为脆弱，多年冻土的热平衡极易打破，气候变化和人类工程活动都将直接影响多年冻土的生存环境。

受气温升高和人类活动影响，多年冻土出现退化，主要表现为多年冻土南北界退缩，融区面积增加。多年冻土厚度减小，活动层厚度增大，不连续多年冻土出现。多年冻土退化将引起地下冰融化、融区数量增加、季节融化层厚度增大和土地沙漠化加剧，对多年冻土区铁路工程产生不利影响。多年冻土退化造成地基融沉变形、地基承载力降低，引发沿线风沙危害和不良冻土现象发育，影响冻土工程的安全稳定。

为减轻气候变化对青藏铁路多年冻土工程的影响，铁路部门在建设之初，就确立了"主动降温、冷却地基、保护冻土"的设计原则，努力保护多年冻土工程环境。合理确定铁路线位方案，采取以片石气冷、碎石护坡、通风管、热棒为主体的主动降温措施，对厚层地下冰地段发育等高含冰量冻土地段采取桥梁跨越，提高了气候变化条件下工程的安全可靠性。随着全球气候变化加剧，应进一步加强青藏高原多年冻土区气象及工程的综合监测，加强气象信息及工程监测数据的共享，积极研发保护多年冻土新技术，及时采取工程措施防止冻土退化，适应气候变化的影响。

## 3. 气候变化对高速铁路工程的影响与对策

2013 年，我国高速铁路总营业里程达到 11 028km，在建高速铁路规模 1.2 万 km，成为世界上高速铁路投产运营里程最长、在建规模最大的国家。高速铁路分布在不同地域，气候条件相差悬殊，气候变化对高速铁路建设和运营有很大影响。表现为气候变化导致极端天气增加，极端天气增加对列车运行安全造成的危害增大，同时频繁发生的各种气象灾害对高速铁路行车秩序的影响将更趋严重，高速铁路建设和运营中必须积极应对气候变化带来的不利影响。

我国气象灾害种类多、分布广，对铁路运行安全危害较大的气象灾害主要包括大风、暴雨、积雪、雾霾、低温冰冻等。沿海地区及西北部分山口地段的高速铁路受大风影响较为严重，秦岭—淮河以北内陆地区高速铁路受大风影响次之，秦岭—淮河以南内陆地区高速铁路受大风影响最小；沿海地区和长江流域高速铁路受暴雨影响较为严重，并有由东南沿海向西北内陆逐渐减弱的趋势；受低温冰雪影响的高速铁路主要分布在东北地区和长江以南的内陆地区；长江以南至东南和南部沿海地区的高速铁路受雷暴影响较为严重，并有自北向南由弱到强的趋势；由于雾霾天气主要出现在工业和经济发达的中东部地区，我国运营的高速铁路大多受到雾霾影响，影响较重的主要集中在我国东部和西南地区。长期以来，我国铁路沿线因气候变化引起的灾害事故频繁，严重影响高速铁路的安全运营，减轻气候变化对高速铁路工程影响具有重大的现实意义。

随着高速铁路建设快速发展和路网规模迅速扩大，特别是高速铁路建设向西部地区推进，铁路"走出去"战略的实施，将面临更加复杂的气候环境，最大限度地预防和减少各类气象灾害对高速铁路运行的危害，是必须长期重视的重大课题。为应对气象灾害，建立高速铁路综合防灾监测预警系统，及时发出预警信息控制列车运行。加强暴风雨雪雾等恶劣天气应急预案，避免气象灾害的发生或降低灾害的影响。针对沿线大风、强降雨、冰雪和雷害等自然灾害采取有针对性的防灾工程措施，大风集中高发区段修建挡风墙和风/声屏障等防风设施，修建挡土墙、抗滑桩等支挡结构，排水沟、导水坝等导流设施，边坡加固、拦石网等防护工程提高线路防洪能力。研发适应高寒环境的动车组，道岔和接触网设置融雪装置，加强雷电灾害风险评估，采取综合防雷措施等。为加强高速铁路抵御气候变化能力，应积极推进高速铁路沿线气象信息共享，提高气象灾害预警水平，加强高速铁路气象灾害评估研究，提前采取预防措施，完善高速铁路防灾技术标准，深化高速铁路防灾减灾技术研究。

## 4. 气候变化对水利水电工程的影响与对策

气候变化引起了我国水资源分布的变化。1960～2010 年特别是 1980 年以来我国各大江河的实测径流量多呈下降趋势，水资源时空分布不均问题更加明显，局部地区的强降雨、高温干旱以及超强台风等极端天气灾害出现的频率和强度显著上升。气候变化及其导致的水旱灾害风险增加，给水利水电工程及水资源管理带来了新的挑战，对我国的供水安全、防洪安全、水生态环境安全造成了多方面的影响。

在国际上，重大水利水电工程应对气候变化主要包括三个方面：引入应对气候变化的流域水资源适应性管理；研究气候变化对水利水电工程调度和管理的影响方式及影响程度，加强水利水电工程适应性调度与管理；研究梯级水库群优化调度，加强应对气候变化的流域水库群适应性管理。

我国在气候变化对水利水电工程影响的对策方面，主要采用建设现代化水资源管理体系，强化水资源统一规划与管理，实现水资源优化配置；加强水利基础设施建设，增强防洪抗旱能力；治理水环境，改善用水结构，加强区域水资源保护；开发空中水资源等，提高水资源利用效率，建设节水防污型社会。另外，还需加强水库运行对下游水量影响的研究和干旱化引发的河流断流问题及其预警措施研究。

## 5. 气候变化对电网安全的影响与对策

电力系统网络是迄今世界上最大的人造工程之一。经过多年的建设，我国的电网目前已发展成为世界上电压等级最高、输送容量最大的电网。为了有效地实现电能的变换、传输和分配，电网系统不仅需要大量的一次电力设备，还同时拥有大量的用于控制、保护和调度的二次设备和系统。气候变化可以通过以下两个层面对电网安全造成影响：一是气候变化引起的各种灾害直接干扰、损坏电网基础设施及其重要辅助设备，造成电网部分功能或全部功能的丧失。例如，持续高温引起电网供电不足、电能质量降低以及电网极限运行带来的设备故障增加；雷击损坏线路绝缘子，引起线路跳闸；大雾导致雾闪，引起线路跳闸；太阳风暴引发的磁暴干扰电气设备正常工作甚至损坏设备；沙尘暴引发污闪，损坏输电走廊的电力设备；覆冰造成绝缘子串冰闪、倒塔；台风造成电网基础设施损坏；山火导致线路跳闸，引发停电事故；洪涝造成变电站、输电线路和电厂等设备严重损坏；且某些设备自身损坏或大面积损坏可能带来电网大面积停电事故，如覆冰、台风等。二是气候变化引起电源和用电负荷的变化，加大了对整个电网系统的扰动，从而对电网运行的稳定性和安全性造成影响。例如，持续高温天气会造成用电负荷急剧增加，如电网已处于临界状态，极易因某个局部事故引发连锁故障，造成电网大面积停电。

需要强调的是，由于能源资源与电力负荷分布的不均衡，我国建设了一系列的西电东送输电通道。这些输电通道通常跨越多地理条件和多气候复杂环境的地域，且输电距离远、容量大，因而气候变化引起的各种灾害更容易对这些长距离西电东送工程尤其是超远距离、超大容量的特高压输电工程造成不利影响。

为防范气候变化对电网安全的不利影响，可以从以下几个方面采取措施或开展研究：建立广义智能能源网，深度融合气象信息、电源信息与电网运行维护信息和技术，形成电网的气象灾害预测、电网安全预警一体化防护系统，同时完善应急管理机制；加强设计规划、优化路径，改进抗风防雨防冰能力设计，适当提高电网设计和建设标准，并根据极端气候发生区域因地制宜；科学安排电网运行，实行多网联合调度，避免集中负荷区采用单一方式或单一来源供电；开展气候变化趋势下电网系统、电源系统抵御未来灾害能力的基础理论研究，包括灾害连锁传导、动态扰动对电网系统稳定性影响、新型材料、新标准等。

## 6. 气候变化对生态安全的影响与对策

在生态环境建设过程中必须充分认识气候变化的可能影响，以趋利避害、巩固生态建设成果和合理规避建设工程风险。过往的三北防护林建设中未考虑气候适应性的影响，部分地区频繁发生的高温干旱及病虫鼠害导致防护林退化、老化问题严重就是典型例证。

未来 30~60 年我国北方地区气候呈现暖湿化趋势，利于巩固和扩大三北防护林和草原生态建设成果。对于三北防护林地区，气候暖湿化、生长季延长及 $CO_2$ 的持续增加会促进植被生产力和碳汇的增加，植被类型趋于向高级类型更替，植被对气候变化的敏感性将会减弱，利于形成气候和生态环境的正反馈效应；对于我国大部分草原地区，气候暖湿化利于生态保护工程的实施，扭转生态恶化的态势，缩短生态恢复的时间；但气候增暖会增加森林和草原火灾及病虫害的发生范围和频率，需要加以重视。在对策上，应充分利用北方气候暖湿化的正效应，加快三北防护林建设和北方草原生态恢复；同时加强防护林和草原适应气候变化和防灾减灾的科学研究。

未来气候变化造成我国降水和温度时空分布异常，主要体现在暴雨事件增多、局部干旱程度加重、冻土融化面积增大、冰川消融面积扩大等。其中，北方降水增多导致地质灾害发生的风险加大，华东和华南台风暴雨诱发地质灾害的频率和规模呈上升趋势；强降水、干旱等极端气候事件以及冻融作用加剧诱发地质灾害的威胁将进一步加大。在对策上，必须正确认识我国在地质灾害应对和适应气候变化方面的不足差距，加强气候变化下局地气象条件的可能改变状况评估。

## 7. 气候变化对沿海城市及工程安全的影响与对策

在全球气候变化的大背景下，全球变暖与海平面上升，将会破坏海岸带生态系统，威胁沿海设施安全，对我国沿海城市及工程造成明显的影响。全球变暖除导致海平面上升外，还会引发或加剧风暴潮、海岸侵蚀、咸潮入侵和海水入侵等海洋灾害。中国沿海地区的三大主要脆弱区将面临沿海低地淹没的风险。沿海地区发生城市内涝的可能性将加大。沿海核电工程的设计、防护与安全运行，以及港口的适航性都将受到重要影响。

沿海地区应重点加强气候变化和海平面上升的影响评估和脆弱性区划，采取海岸防护、生态保育与适度开发并重策略。对于已开发利用区域，根据经济社会发展程度，采取防护、后退和顺应等适应策略，并应以防护为主。对于未开发利用区域，应在风险评估的基础上，进行适度的开发与合理的避让。应在宏观层面进行部门间协调，加强海岸带的统一规划与管理，强化规划对海岸带开发活动的空间管控，控制向海洋发展的合理规模，避免"过度临海化"和"过度工程化"的倾向，实现科学、有序的发展。

沿海城市应完善和提高海岸防护工程标准，加强海岸防护体系建设、地面沉降防治和城市洪涝防治。完善海平面上升监测网络，完善海洋灾害监测预警系统，强化应急响应服务能力。核电站和港口等重点沿海工程，应进行脆弱性分析和风险评估，在选址上避开脆弱区和高风险区，提高安全防护的设计标准，并按标准进行加固。

## 8. 气候变化对能源工程安全的影响与对策

　　全球变暖对管道工程的影响体现在两个方面：一方面，大气温度上升后将对管道工程的运行效率产生直接影响；另一方面，全球温度变化后产生的各种次生灾害影响管道安全。对新建管道工程来说，对目标市场的需求和管道输送能力上要考虑设计周期内气候变化影响；各种地质灾害、安全、防洪等评价方法要适应气候变化带来的影响；考虑设计周期内气候变化的影响因素，在敏感的地质地貌地区，如山区、河流穿越段等适当提高设计标准。对在役的管道项目，在安全、环境、水保等评估时，也要考虑气候变化的影响，甚至要根据气候变化的影响进行安全改造。另外，应该加大对储气库和液化天然气（LNG）储库的研究和建设工作，提高整个管网体系的抗风险能力。

　　作为可再生能源之一的风能资源由于其安全、清洁、丰富的特性在全世界得到广泛应用和快速发展。我国风能资源主要分布在三北（西北、东北和华北）和东南沿海地区，主要的风电场也主要分布在该地区。近50年来，在中国风能资源状况非常好的区域，易对风力发电造成损失的大风日数显著减少，对风电的开发利用十分有利。对于风力发电较好的区域，由于可利用风速减小，在该区域的风电场风电机组发电可能减少。风电场在风速相对较小的区域，小型风机可利用轻风和微风日数明显增加了，风速的变化也有利于该地区风电的开发利用。未来，应减少温室气体排放，减少我国关键风能资源区域风能资源的变化，减少沿海高温、高湿和高盐日数，降低风能资源开发利用风险。同时，增强规划和管理制度，提高风能利用的效率。

　　气候变化对光伏发电以负面影响为主，同时也有一定的正面影响：太阳辐射下降、霾天增多、温度升高、风速下降均会对我国的光伏发电产生不利影响，其中太阳辐射下降和霾天增多的不利影响最为显著；太阳辐射的下降造成了输入能量的减少，但也减轻了辐射的加热作用，这在一定程度上可以抵消由于气温升高、风速下降所造成的电池板温度的升高；风速的下降也可在一定程度上降低光伏发电工程所面临的潜在气象灾害风险。提出主要应对策略有：保护大气环境，减少大气污染物的排放，尤其是在我国东部地区，从而实现太阳辐射下降的有效控制；大力发展风能、太阳能等清洁的可再生能源，较少化石燃料的碳排放和污染物排放；加强对光伏电站的清洁维护，通过精细化管理减少积尘等造成的损失。

## 9. 气候变化对重大工程影响的综合适应对策

气候变化对重大工程影响具有国家安全的重要意义，需要加强气候变化与重大工程的相关科学研究，加强气候变化近期预测的研究（10～30年）为适应工程提供较可靠的科学支撑。做好重大工程应对气候变化的前期规划与设计，开展气候变化对重大工程的专项评估。加强重大工程应对气候变化的综合管理，重新复核已建工程应对极端天气气候事件的能力，修订适应未来气候变化的重大工程技术标准，加强相关专业、部门的联动、合作与协调配合，建立气象部门及各专业部门间的信息共享平台和机制。

# 第1章 引　言

气候是人类活动最重要的环境条件之一。当前，气候变化和极端天气气候事件正在危害世界各国的经济社会发展和人民生命财产安全，严重影响着全球可持续发展战略目标的实现。我国幅员辽阔，自然条件复杂，是世界上受自然灾害危害最严重的国家之一。在各类自然灾害中，气象灾害占70%，并且灾害种类多、强度大、频率高，危害严重。

重大工程是指关系一个国家或地区国计民生的生命线工程，包括各种能源工程建设（如输油输气管道、核电站、输变电线路、特高压输电工程等）、水利水电工程建设（如长江三峡、南水北调、西南水电基地等）、交通运输工程建设（如青藏铁路（公路）、高速铁路等）、生态环境保护工程（如三北防护林、草原生态保护工程、地质灾害防御工程等）、沿海城市及工程安全等。气候变化对中国重大工程的安全运行可能产生一定影响。许多重大工程的建设，包括从勘察、设计、施工到建成后运行管理，都受到气候因素的影响。

近百年来，地球气候正经历一次以全球变暖为主要特征的显著变化。伴随气候变化而来的是气温升高、降水强度增大、冰川融化、海平面上升等气候系统多方面、多圈层的变化，气候变化还导致更多的极端天气气候事件发生甚至引发灾害，相应增大了自然灾害对我国重大工程安全的威胁。交通大动脉建设与其所经过地区的温度、降水有密切关系。铁路建设尤其是骨干线路建设长达数千公里，穿越不同类型的气候区，气候类型不同，对铁路影响也不同。已建和在建工程中的有些工程由于事前设计人员对气候和环境生态缺乏足够的重视，因而带来了严重的环境后果。远距离高压输电线路所处的地理环境、气候条件比较恶劣，特别是在冬季，因气温低、湿度高，导线上长时间结有覆冰，给高压导线带来的重量载荷越来越大，会造成断缆进而塔架倒塌的严重后果。2008年1月我国南方地区历史罕见的低温雨雪冰冻灾害导致的输电线路覆冰就对我国电力运输、通信设施造成了严重影响和数十亿元的重大损失。水利水电工程建设特别是水库的建设在充分利用和合理调配水资源、抗干旱防洪涝、保障人民生活、发展国民经济等方面发挥着重大的作用。水库的建设和运行，在很大程度上受到气候及其变化的影响。20世纪80年代以来，我国华北和东北部分地区降水量呈现明显减少趋势，一些水库入库径流量减少，设计供水能力无法保证。

任何一项重大工程在建设和运行期，都要充分考虑气候对重大工程的可能影响，这种影响在气候变化和极端气候异常情况下会变得更加明显和深刻。在全球气候持续变暖和中国区域气候环境变化作用下，中国生态与环境相当脆弱，水资源危机日益突出，公共安全受到挑战。因此，研究影响我国经济发展的区域性重大工程所面临的气候变化风险，以及在气候变化形势下，由极端天气气候事件产生的新兴风险，及其对重大工程的安全运行的可能存在的影响，并提出在工程设计和运行管理上适应气候变化的新措施具有重要意义。本项目的研究不仅是一个纯粹的科学问题，更是环境问题、能源问题、经济问题、安全问题、社会问题，对于提高重大工程应对气候变化和极端天气气候事件的防御及其应对决策能力，促进我国经济社会持续、健康、快速发展，增强综合防灾减灾的安全保障能力，实现全面建设小康社会的宏伟目标，具有重要的战略和现实意义。

本报告将分别以重大铁路（公路）工程、重大水利水电工程、能源工程、电网安全、生态安全、沿海城市安全为聚焦点，阐述气候变化对我国重大工程的影响及其对策。

# 第 2 章　中国气候变化观测事实

气候是人类生存和发展所依托的外在环境的一个重要组成部分，地球上的生命本身和人类的存在都依赖于一个适宜的气候环境。气候系统是由大气圈、水圈、冰冻圈、岩石圈和生物圈五个圈层及其之间相互作用组成的高度复杂的系统。从定义上来讲，气候是气候系统的全部组成部分在任一特定时段内的平均统计特征。而气候变化是指气候平均状态与相应变率的变化。

地球的气候正经历着一次以变暖为主要特征的显著变化。就中国区域而言，气候变化体现在气候系统的诸多方面，从气温、降水、海平面、水资源、极值等多方面的监测结果中均看到气候系统发生的变化。

## 2.1　中国气温的变化

1901~2013 年，中国地表年平均气温呈显著上升趋势，并伴随明显的年代际变化特征，经历 3 次冷-暖波动。最暖的 10 年分别为 21 世纪的前 10 年，20 世纪 90 年代、40 年代。在 1914~2013 年的 100 年期间，全国平均变暖速率为 0.09℃/10a，1956~2012 年平均变暖速率为 0.25℃/10a。1997 年以来，中国年平均气温持续偏高，2013 年位居 1901 年以来的第四最暖年。

在实际的气温变化中具有明显的季节性和区域差异。1880 年以来中国各季的气温均表现为上升趋势，不同季节的增温速率有较大差异，春季为 0.88℃/100a，夏季 0.44℃/100a，秋季 0.86℃/100a，冬季 1.52℃/100a。其中，增温速率最大的是冬季，最小的是夏季，两者相差 3.5 倍。在过去的

100 年中，20 世纪 40 年代和 80 年代中期以后是两段温度明显偏高的时期，但前一个暖期是以春、夏、秋三季偏暖为主，而后一个暖期的四季均偏暖明显。

近 50 年全国绝大多数地区呈现增温趋势，最显著的增温区主要在较高纬度的北方或高原地区，尤其是东北中北部、华北北部和西北大部，以及青藏高原。中低纬度地区增温相对较缓，增温最小的区域主要分布在西南地区东部，局部地区存在降温。但是，对中国大部分地区而言，近 50 年增温速率远超过了过去 100 年的平均值。这种特点与全球变暖的地理分布特征基本一致。

## 2.2  中国降水的变化

1901～2013 年，中国平均年降水量无显著线性变化趋势，以 20～30 年尺度的年代际波动为主，其中 20 世纪最初 10 年、30 年代、50 年代和 90 年代降水量总体偏多，20 世纪最初 10 年、20 年代、40 年代、60 年代降水偏少。

1961～2013 年，中国平均年降水量无明显的增减趋势，但年际变化明显。1998 年、1973 年和 2010 年是排名前三位的降水高值年，2011 年、1986 年和 2009 年是排名前三位的降水低值年。1961～2013 年，中国平均年雨日呈显著减少趋势，每 10 年减少 3.9 天。中国年累计暴雨站日数呈显著增加趋势，每 10 年增加 3.8%。20 世纪 90 年代以来我国年降水量年际变异性增大。

我国降水资源区域分布差异大，由东南沿海向西北内陆逐渐减少。年降水量最多的广西东兴多年平均降水量达 2744mm，历史极值曾达 3824.8mm（2001 年），年降水量最少的新疆托克逊地区，多年平均降水量仅为 7.7mm，历史极值仅为 0.6mm（1968 年）。从降水量空间变化来看，年降水量减少的区域呈东北-西南走向，依然是东北地区、华北及黄淮平原、华中地区、西南地区。在我国的华南、东南和长江下游地区，以及青藏高原、西北地区的降水量呈增加趋势。夏季我国主雨带位置出现明显的年代际变化。20世纪80年代，长江流域多雨；20世纪90年代，雨带南移；2000～2008年，雨带北移到淮河；2009年以来，雨带进一步北移，淮河和华南进入少雨期。

全国冬季、春季降水量呈一定增加趋势，夏季、秋季趋势性变化不明显。在近30年冬、春季降水量增加速率有所加快，秋季降水量也显现出增加的趋势。所有季节的降水量变化趋势都没有通过显著性检验。

1961～2013年，中国平均年雨日呈显著减少趋势，每10年减少3.9天。中国年累计暴雨站日数呈显著增加趋势，每10年增加3.8%。

## 2.3 海平面的变化

在全球气候变暖的大背景下，全球海洋变暖、冰川加速融化，全球平均海平面持续上升。19世纪中叶以来的海平面上升速率高于过去两千年来的平均速率。全球平均海平面上升速率自20世纪早期以来在不断增加，海平面的逐渐上升与全球变暖相一致。自1961年以来，全球平均海平面上升的平均速率为每年1.8mm（1.3～2.3mm），而从1993年以来平均速率为每年3.1mm（2.4～3.8mm）。1980～2013年，中国沿海海平面平均上升速率为2.9mm/a，高于全球平均水平。

海平面上升分为由气候变暖引起的全球海平面上升和区域性相对海平面上升。前者是由于全球温室效应引起气温升高，海水增温引起的水体热膨胀和冰川融化所致；后者除绝对海平面上升外，主要还由于沿海地区地壳构造升降、地面下沉和河口水位趋势性抬升所致。

热膨胀，冰川、冰帽和极地冰盖的融化为海平面上升做出了贡献。估算显示，20世纪70年代以来，冰川损失和因变暖导致的海洋热膨胀一起约贡献75%的全球海平面上升。极地陆地冰盖（如南极和格陵兰）的部分冰体损失可能意味着海平面上升若干米，海岸线发生重大变化以及低洼地区洪水泛滥，对河流三角洲地区和地势低洼的岛屿产生的影响最大。预估这些变化会在千年时间尺度上发生，但不能排除在世纪尺度上海平面上升速率加快。全球变暖导致冰川融化为海平面上升的主因，假设全球温室气体排放稳定后，全球气温不再增长，海平面依旧会上升几百年。

中国具有漫长的海岸线，海平面上升将使沿海地区灾害性的热带气旋和风暴潮发生更为频繁，洪涝灾害加剧，加大沿海城市的洪涝威胁，削弱港口功能，同时造成沿海城市市政排水能力降低，对环境和人类活动构成直接威胁，中国的三角洲将更脆弱。

# 2.4　地表水资源的变化

1961～2013 年，中国十大流域中松花江、珠江、东南诸河、西南诸河和西北内陆河流域地表水资源总量总体表现为增加趋势，辽河、海河、黄河、淮河和长江流域则表现为减少趋势。

从降水量和地表水资源量看，西北内陆河流域地表水资源总量增加的相对速率最大，平均每 10 年增加 4.1%，尤其在南疆、西藏西北部、青海西部和北疆阿尔泰山等有较明显的水资源增加。但西北大部分地区仍处于干旱、半干旱地带，降水稀少，蒸发能力为降水量的 4～10 倍。在西北东南部，包括陕西、宁夏、甘肃东南部，降水量和水资源明显减少，是我国北方现代大范围干旱化地带的组成部分。水资源短缺，生态环境脆弱，如何合理开发和有效利用水资源是西北大开发的关键因素。

北方地区持续的干旱胁迫已经导致陆地生态系统可利用水资源减少，影响了陆地生态系统的结构、功能和分布格局，加快了草原的荒漠化进程。三江源地区的草原和湿地区域性衰退，出现草甸演化为荒漠的现象。内蒙古呼伦贝尔湿地的暖干化，使湿地周边沙漠化面积超过 100km$^2$；1974 年以来植被盖度降低 15%～25%。降水减少使白洋淀湿地的干淀频次提高增加，最大水面面积和水量不断缩小，1996 年最大水面面积减小到不足 1970 年的一半，而最大水量减少到 1963 年的 1/10。

## 2.5　极端天气气候事件

极端天气气候事件是指在特定的地区、特定的时间段内（一般为一年以内）气候系统出现的异常事件，其发生概率小于 10%。也就是通常所说的"多年罕见、百年不遇或突破历史纪录"的天气气候事件。它具有灾害破坏性大、突发性强和难以预测的特点。

1951 年以来，我国的高温、强降水、干旱、台风、低温等极端天气气候事件的频率和强度存在变化趋势，特别是 21 世纪以来，伴随全球气候变暖，我国高温、强降水、干旱、台风等极端天气气候事件出现的频率增加、强度增大。

极端高温事件增加，对人体健康和能源影响加重。2000～2013 年，全国极端高温范围平均达 626 县，占全国的 27.4%，是常年的 2.2 倍；全国平均每年有 105 县突破最高气温历史极值，超过常年 1 倍以上。2013 年我国南方出现了 1951 年以来最强高温热浪，有 337 县最高气温达到 40℃以上，浙江北部连续 8 天最高气温超过 40℃；有 372 站次高温突破历史极值，杭州 7 次突破历史纪录。2013 年夏季，南方罕见高温热浪导致上海、湖北、江苏、江西、浙江、湖南等多地出现中暑死亡病例，呼吸系统疾病和心脑血管系统疾病人数猛增，7 月上海中心城区 13 人因高温中暑死亡。

强降水事件增多，对城市运行、农业生产和环境保护构成威胁。2000 年以来，我国降水时段更加集中、强度更大，暴雨发生频次和影响范围呈增加趋势，较常年增加了 10%，13 年中有 7 年暴雨日数多于常年，其中 2010 年、2013 年分别为 1961 年以来第四和第六多。1961 年以来，我国日降水量极值出现次数呈增加趋势，2013 年有 77 站日降水量突破历史纪录。2007～2013 年，暴雨洪涝造成的直接经济损失较上个 5 年增加了 128%。2012 年 7 月 21～22 日，北京出现超百年一遇的强降雨过程，造成 79 人死亡；2010 年

8 月 8 日，甘肃舟曲特大山洪泥石流造成 1400 多人死亡；2013 年松花江干流发生洪灾，嫩江上游发生超 50 年一遇特大洪水。

区域性和阶段性干旱增多，江河湖库水位下降，农作物受旱面积增大。1997～2013 年，东北、华北和西南等地平均每年出现中等以上干旱的日数较 1961～1996 年平均值分别增加了 24%、15% 和 34%，地处西南的云南、贵州、四川和重庆冬春干旱面积增大，较常年同期偏多 27%，2009～2013 年连续发生冬春连旱，干旱面积较常年偏多 89%。干旱导致江河湖库水位下降，农作物受旱面积增大。目前我国有 110 个城市严重缺水，华北平原地表水资源减少 41% 以上。2013 年 11 月 4 日，鄱阳湖水域面积缩减到近 10 年同期最小。2009～2013 年，农作物受旱面积增加了 10%，干旱造成的直接经济损失年均 630 亿元，较上个 5 年增加了 51%，其中 2013 年为 905 亿元。

登陆我国的台风偏多偏强，经济损失加大。1949～2013 年，西北太平洋和南海台风生成个数趋于减少，登陆中国的台风比例趋于增高。21 世纪以来，我国平均每年有 8 个台风登陆，其中有一半是最大风力达到或超过 12 级，比 20 世纪 90 年代增加了 46%。2013 年登陆我国台风有 9 个，其中登陆时最大风力达到或超过 12 级的有 5 个，均较常年偏多 2 个。2009～2013 年台风造成经济损失较 2004～2008 年增加了 37%。

低温事件频繁，农业受灾面积增大。2008～2013 年的 6 年中有 5 年极端低温站数超过 100 站，远高于 1991～2007 年的平均值。例如，2008 年初南方大范围的低温雨雪冰冻事件，强度超过 50 年一遇，受灾人口达 1 亿多，直接经济损失超过 1500 亿元；2009 年 11 月至 2010 年 4 月，东北和华北发生近 40 年罕见持续低温，京津冀平均气温为 1971 年以来历史同期最低值；2011 年 3 月 1 日至 4 月 13 日，贵州、广西、湖南等地出现 4 次低温阴雨天气过程，三省（区）平均阴雨日数达 23 天，为近 11 年来最多，低温日数（日平均气温≤12℃）达 22 天，为近 15 年同期最多，造成直接经济损失 142 亿元。

　　据 IPCC 评估报告预计，到 21 世纪末，在不同排放情景下，全球地表平均温度可能升高 1.1～6.4℃，其中以陆地和北半球高纬地区增暖最为显著。高温、热浪和强降水事件发生频率很可能会持续上升。台风风速更大，降水更强，破坏力更为严重。千年一遇洪水发生频率可能变为百年一遇；百年一遇洪水发生频率可能变为 50 年一遇甚至更短；而在部分地区，可能会发生从未发生过的极端事件。

# 第3章 中国未来10~50年气候变化预估

利用多个CMIP5全球气候模式在RCPs温室气体排放情景下的模拟结果（模式详细信息见表3-1），分析了中国地区21世纪近期（2011~2040年）、中期（2041~2070年）和后期（2071~2100年）温度和降水变化预估结果，所有未来预估结果都是相对于1986~2005年气候平均值。

表3-1 CMIP5全球气候模式的相关信息

| 模式名称 | 模式中心 | 分辨率 /（经度×纬度） |
|---|---|---|
| Beijing Climate Center Climate System Model version 1 （BCC-CSM1） | BCC, China Meteorological Administration, China | 128×64 |
| Beijing Normal University Earth System Model （BNU-ESM） | The College of Global Change and Earth System Science （GCESS）, BNU, China | 128×64 |
| Canadian Earth System Model version 2 （CanESM2） | Canadian Centre for Climate Modelling and Analysis, Canada | 128 × 64 |
| The Community Climate System Model version 4 （CCSM4） | National Center for Atmospheric Research, USA | 288 × 192 |
| Centre National de Recherches Météorologiques Climate Model version 5 （CNRM-CM5） | CNRM/Centre Europeen de Recherche et Formation Avancees en Calcul Scientifique, France | 256 × 128 |
| Commonwealth Scientific and Industrial Research Organization Mark Climate Model version 3.6 （CSIRO-Mk3-6-0） | CSIRO in collaboration with Queensland Climate Change Centre of Excellence, Australia | 192 × 96 |

续表

| 模式名称 | 模式中心 | 分辨率 /（经度×纬度） |
|---|---|---|
| Flexible Global Ocean-Atmosphere-Land System Model-grid version 2（FGOALS-g2） | State Key Laboratory of Numerical Modeling for Atmospheric Sciences and Geophysical Fluid Dynamics，Institute of Atmospheric Physics，Chinese Academy of Sciences，and Tsinghua University，China | 128× 60 |
| The First Institution of Oceanography Earth System Model（FIO-ESM） | FIO，State Oceanic Administration（SOA），Qingdao，China | 128 × 64 |
| Geophysical Fluid Dynamics Laboratory Climate Model version 3（GFDL-CM3） | GFDL，National Oceanic and Atmospheric Administration，USA | 144× 90 |
| Geophysical Fluid Dynamics Laboratory Earth System Model version 2 with Generalized Ocean Layer Dynamics（GOLD）code base（GFDL-ESM2G） | GFDL，National Oceanic and Atmospheric Administration，USA | 144× 90 |
| Geophysical Fluid Dynamics Laboratory Earth System Model version 2 with Modular Ocean Model version 4. 1（GFDL-ESM2M） | GFDL，National Oceanic and Atmospheric Administration，USA | 144× 90 |
| Goddard Institute for Space Studies Model E version 2 with Hycoml ocean model（GISS-E2-H） | GISS，National Aeronautics and Space Administration，USA | 144× 90 |
| Goddard Institute for Space Studies Model E version 2 with Russell ocean model（GISS-E2-R） | GISS，National Aeronautics and Space Administration，USA | 144× 90 |
| the Met Office Hadley Centre Global Environment Models version 2 with the new atmosphere-ocean component model（HadGEM2-AO） | Jointly with Met Office Hadley Centre and National Institute of Meteorological Research（NIMR），Korea Meteorological Administration（KMA），Seoul，South Korea | 192 × 145 |
| Institut Pierre Simon Laplace Climate Model 5 A-Low Resolution（IPSL-CM5A-LR） | IPSL，France | 96× 96 |
| Model for Interdisciplinary Research on Climate-Earth System，version 5（MIROC5） | Atmosphere and Ocean Research Institute（AORI），National Institute for Environmental Studies（NIES），Japan Agency for Marine-Earth Science and Technology，Kanagawa（JAMSTEC），Japan | 256× 128 |

| 模式名称 | 模式中心 | 分辨率/（经度×纬度） |
|---|---|---|
| Model for Interdisciplinary Research on Climate-Earth System（MIROC-ESM） | JAMSTEC, AORI, and NIES, Japan | 128×64 |
| Atmospheric Chemistry Coupled Version of Model for Interdisciplinary Research on Climate-Earth System-（MIROC-ESM-CHEM） | JAMSTEC, AORI, and NIES, Japan | 128×64 |
| Max-Planck Institute Earth System Model-Low Resolution（MPI-ESM-LR） | MPI for Meteorology, Germany | 192×96 |
| Meteorological Research Institute Coupled General Circulation Model version 3（MRI-CGCM3） | MRI, Japan | 320×160 |
| The Norwegian Earth System Model version 1 with Intermediate Resolution（NorESM1-M） | Norwegian Climate Centre, Norway | 144×96 |

# 3.1 21 世纪中国地区平均温度变化预估

通过对 21 个全球气候模式模拟结果的分析，结果表明，在三种典型浓度路径（RCPs）情景下，中国区域平均温度将持续上升，2030 年前增温幅度、变化趋势差异较小，2030 年以后不同 RCPs 情景表现出不同的变化特征（图 3-1（a））。2011~2100 年在 RCP2.6、RCP4.5、RCP8.5 情景下的增温趋势分别为 0.08℃/10a、0.26℃/10a、0.61℃/10a。

RCP2.6 情景下，2050 年以前温度持续上升，2050 年以后温度增加趋势不明显，表现出一定的下降趋势。RCP4.5 情景下，2070 年以前温度持续上升，2070 年以后温度增加趋势变缓慢。RCP8.5 情景下温度将持续上升，增温幅度在 21 世纪末达到 5.0℃以上。三种温室气体排放情景下，近 30 年全国平均的温度上升幅度都在 1℃左右。

与此同时，不同 RCPs 情景下，我国各地区年均温度都表现为增加趋

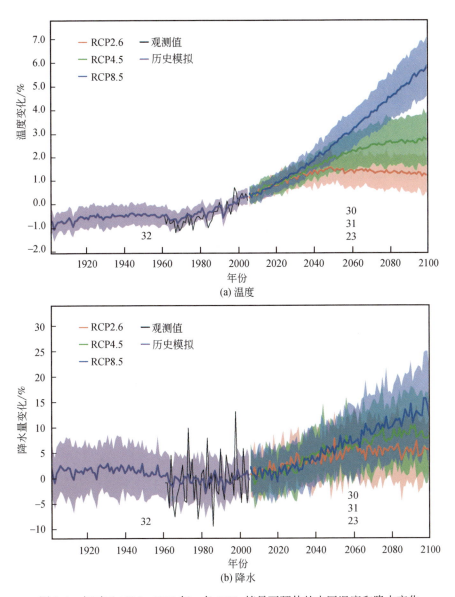

图 3-1　相对于 1986~2005 年，各 RCPs 情景下预估的中国温度和降水变化

势，增温幅度具有一定区域性特征。RCPs 情景下，我国年均温度增幅总体上从东南向西北逐渐变大，北方地区增温幅度大于南方地区，青藏高原地区、新疆北部及东北部分地区增温较为明显（图 3-2）。从图 3-2 可以看出，

近期的30年（2011~2040年），三种温室气体排放情景下，中国的升温幅度为0.5~1.4℃，RCP8.5情景下中国的北方和青藏高原升温幅度最大，这对冻土的融化将会造成一定的影响；21世纪中期（2041~2070年），随着温室气体浓度的增加，中国地区的升温幅度逐渐上升，为1.5~3.0℃；21世纪的后期（2071~2100年），RCP2.6情景下中国地区的升温幅度没有继续增加，但在RCP8.5高排放情景下，北方的大部地区和青藏高原地区的升温幅度将达到4.5℃以上。

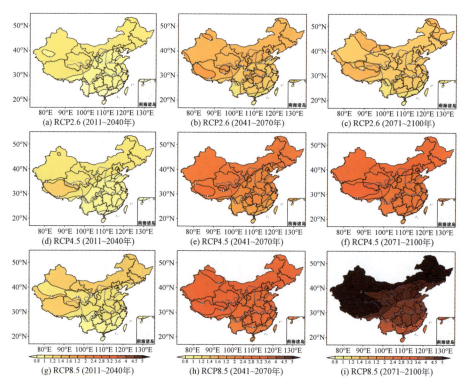

图3-2　相对于1986~2005年，RCPs情景下不同时期预估的中国温度变化（单位：℃）

## 3.2　21世纪中国地区平均降水变化预估

RCPs情景下中国区域平均年降水将持续增加，21世纪的近30年，三种排放情景下，降水将会增加2.5%左右，在2060年前三种情景下的增加幅度、变化趋势差异也较小，2060年以后不同RCP情景则表现出不同的变化特征（图3-2（b））。2011～2100年在RCP2.6、RCP4.5、RCP8.5情景下增加趋势分别为0.6%/10a、1.1%/10a、1.6%/10a。

就其空间分布而言，各时期内中国大部分地区降水都表现为增加，西北、华北、东北地区降水增加幅度相对较大。但值得注意的是在近期的30年中国南方地区降水可能会减少，特别是RCP8.5情景下，降水量将会减少2%～5%（图3-3）。21世纪的中期和后期，我国西北地区的降水量将会增加25%左右，东北和西北地区会增加20%。

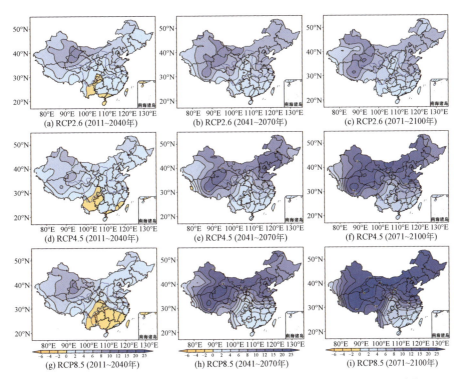

图3-3　相对于1986～2005年，RCPs情景下不同时期中国年均降水变化（单位:%）

## 3.3　不同升温阈值下中国地区极端气候事件变化预估

### 3.3.1　不同升温阈值发生时间

图3-4为模式模拟的全球平均气温在过去及未来三种不同RCPs排放情景下的变化曲线。图中蓝色实线为多模式集合变化曲线，彩色虚线为不同模式的变化曲线。结果表明，在RCP2.6排放情景下多模式集合平均值并未在21世纪达到2℃升温幅度，在RCP4.5和RCP8.5排放情景下均超过2℃，发生时间分别是2046年和2038年，在RCP8.5排放情景下达到3℃升温阈值的时间是2060年，而在2080年升温幅度超过了4℃。

据上述分析，将全球平均气温在21世纪达到不同升温阈值的情形分为四种：在RCP4.5排放情景下达到2℃增温（以下简称RCP4.5-2℃）、在RCP8.5排放情景下达到2℃、3℃、4℃增温（以下分别简称RCP8.5-2℃、RCP8.5-3℃、RCP8.5-4℃）。在这四种不同升温阈值情形下（RCP4.5-2℃、RCP8.5-2℃、RCP8.5-3℃和RCP8.5-4℃）多模式预估全球平均降水分别增加2.9%、2.8%、4.3%和6.1%，即全球平均降水随升温阈值线性增加。

### 3.3.2　不同升温阈值下中国地区气候平均态的变化

图3-5给出全球平均气温达到不同升温阈值时中国及8个分区温度和降水的相应变化。结果表明，在四种不同升温阈值情况下，中国地区平均温度相对工业化前的增温幅度分别达到2.6℃、2.5℃、4.0℃、5.2℃，均超过相应的全球升温阈值。东北、西北、华北以及青藏高原地区在四种不同升温阈值情况下变暖幅度高于中国其他地区。这四个地区在RCP4.5-2℃和RCP8.5-2℃

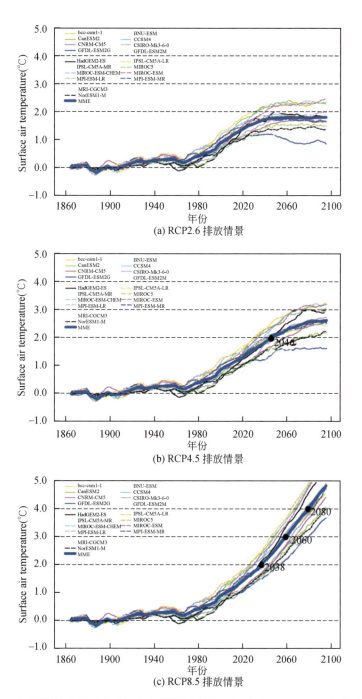

(a) RCP2.6 排放情景

(b) RCP4.5 排放情景

(c) RCP8.5 排放情景

图 3-4　不同排放情景下全球平均气温距平序列（相对于 1861 ~1900 年基准期）

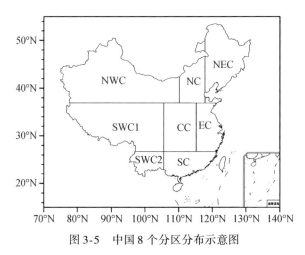

图 3-5　中国 8 个分区分布示意图

NWC：西北；NC：华北；NEC：东北；SWC2：青藏高原；CC：华中；EC：华东；SC：华南；SWC2：西南

情况下增幅均超过 2.6℃；西北地区增幅最大，在 RCP8.5-4℃ 情形下可达
5.7℃。而华东、华南、华中和西南地区在四种不同升温阈值情况下变暖幅
度相对较小。华南和西南地区在 RCP8.5-2℃ 情形下增暖均为 1.9℃，均低
于全球平均增暖。综合来看，中国 8 个分区表现为一致性增暖，高纬度和高
海拔地区对全球变暖的响应强于中低纬地区；全球升温阈值越高，中国各地
区增暖幅度越大。

　　从图 3-6（b）可见，未来全球增暖背景下，中国地区平均降水表现为
增多的趋势，在 RCP4.5-2℃、RCP8.5-2℃、RCP8.5-3℃ 和 RCP8.5-4℃
情形下，中国地区平均降水相对工业化前分别增加 2.9%、2.5%、4.0%、
5.2%，略小于同期全球平均降水的变化。区别于平均气温的变化，不同升
温阈值下中国地区平均降水的变化呈现出明显的区域特征。当全球平均温度
在 RCP4.5 排放情景下升高 2℃ 时，多模式集合预估我国东北、华北、西北
和青藏地区的降水增多，华东和华南降水减少，华中和西南地区降水无明显
变化，即从整体上我国将表现为南涝北旱格局减轻的趋势，其中东北和华南
变化幅度最大，分别为 9.8% 和 -8.0%。当全球平均的温度在 RCP8.5 排放
情景下升高 2℃、3℃、4℃ 时，多模式集合预估的我国各分区降水表现为一

致地增加，且随升温阈值的升高而增多，我国北方和高原地区的降水增幅高于南方。

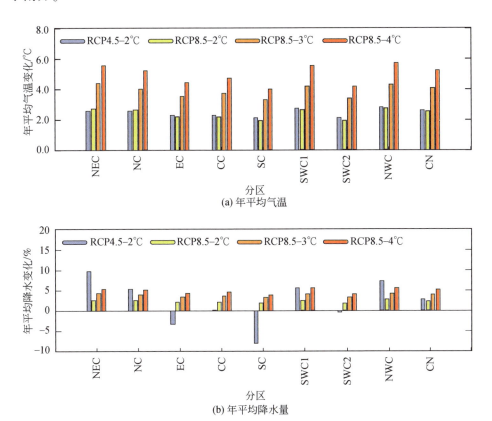

图 3-6　中国 8 个地区在不同升温阈值下年平均气温和降水量的变化

（相对于 1861~1900 年基准期）

### 3.3.3　不同升温阈值下中国地区极端温度和降水事件的变化

在全球变暖背景下，一些地区的极端气候事件的变化可能比气候平均态的变化更加显著，从而对自然环境和人类生活造成深远影响。分析的温度与降水相关的极端指数的定义见表 3-2。

表 3-2　极端气候事件指数定义

| 名称 | 英文缩写 | 定义 | 单位 |
|---|---|---|---|
| 日最高气温最大值 | TXx | 每年日最高气温的最大值 | ℃ |
| 日最低气温最大值 | TNx | 每年日最低气温的最大值 | ℃ |
| 日最高气温最小值 | TXn | 每年日最高气温的最小值 | ℃ |
| 日最低气温最小值 | TNn | 每年日最低气温的最小值 | ℃ |
| 五日最大降水量 | RX5day | 每年最大的连续五天降水量 | mm |
| 温度日较差 | DTR | 每年日最高气温与最低气温的差的平均值 | ℃ |
| 降水强度 | SDII | 年降水量与降水日数（Rdays≥1mm）比值 | mm/d |
| 中雨日数 | R10mm | 每年日降水量大于等于10mm的天数 | d |
| 大雨日数 | R20mm | 每年日降水量大于等于20mm的天数 | d |
| 日最大降水量 | RX1day | 每年最大的日降水量 | mm |
| 五日最大降水量 | RX5day | 每年最大的连续五天降水量 | mm |
| 强降水量 | R95p | 每年大于基准期内95%分位点的日降水量的总和 | mm |
| 极端强降水量 | R99p | 每年大于基准期内99%分位点的日降水量的总和 | mm |
| 湿日总降水量 | PRCPTOT | 每年大于等于1mm的日降水量的总和 | mm |

在不同升温阈值情形下，中国及各个区域平均的日最高气温最大值（TXx）、日最高气温最小值（TXn）、日最低气温最大值（TNx）、日最低气温最小值（TNn）均呈现增加的特征，且随着升温阈值的增加，这些指数的增加会更加显著，但同一指数表现出区域性差异。日最低气温最小值（TNn）的增幅最大，这对来青藏铁路会产生影响。在RCP8.5排放情景下全球平均温度相对工业化前升高4℃时，多模式集合预估中国地区平均日最低气温最小值（TNn）相对参考时段（1986~2005年）将升高5.3℃，日最低气温最大值（TNx）的增幅为4.3℃，相比日最低气温最小值（TNn）的增温约小于1.0℃，日最高气温最大值（TXx）和最小值值（TXn）的变化分别为4.4℃和4.6℃。从各分区的变化情况来看，TXn和TNn的区域性差异高于TXx和TNx，且在较高升温阈值情形下，差异更加显著（图3-7）。

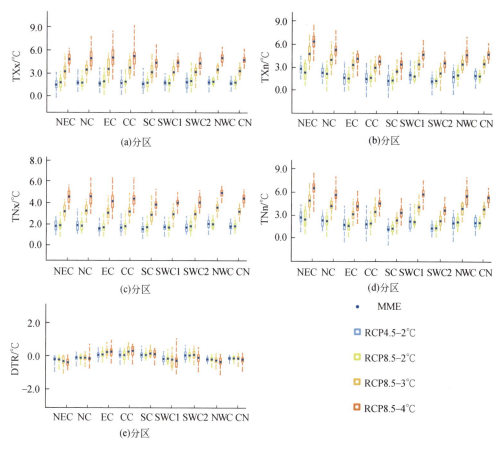

图 3-7　中国 8 个分区在不同升温阈值下温度相关极端指数变化盒须图

　　模式预估中国及各地区平均的中雨日数（R10mm）和大雨日数（R20mm）都有一定的增加，其中西南地区增幅最大，西北地区增幅最小，模式间的不确定性在西南地区最大。在全球平均气温达到 2℃、3℃、4℃升温阈值下，未来中国地区的降水极端性在增强，不仅单次降水过程的量级（SDII）将增大，极端降水过程的量级（RX1day、RX5day）也有所增加，同时，极端降水事件所产生的总降水量（R95p 和 R99p）也将增多。随着升温阈值的升高，这几个指数所描述的极端降水的强度都随之不断增强（图 3-8）。

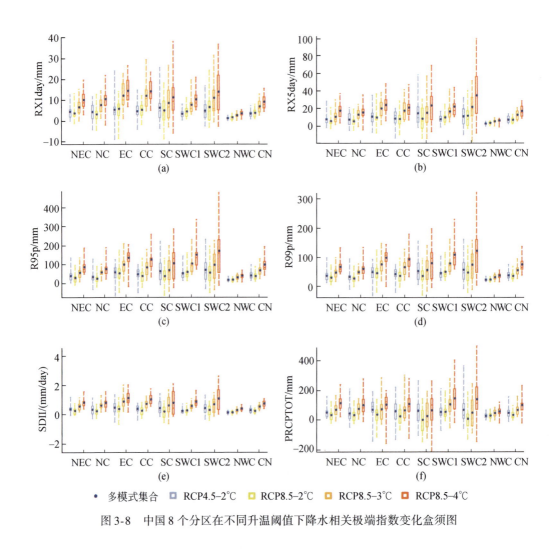

图 3-8　中国 8 个分区在不同升温阈值下降水相关极端指数变化盒须图

　　当前的气候模式预估未来不同升温阈值下极端降水强度的变化具有较大的不确定性，且这种不确定性随升温阈值的升高而增大。对比中国 8 个分区的预估结果可以发现（图 3-8），极端降水强度指标总体表现为在增幅较大地区，不确定性也较大。同样的升温阈值下，多模式集合预估西南地区的降水极端性增幅高于其他地区，其不确定范围也高于其他地区；西北地区由于降水量级较小，其极端降水变化的信号也相对较弱，多模式对其预估的不一致性也相对较小。

需要指出的是，尽管多模式对未来不同升温阈值下极端降水强度特征变化的定量预估存在较大的不确定性，但多数模式对中国几乎所有分区的预估结果均显示出一致的变化趋势，即中国地区极端降水的强度在未来以增加为主要变化特征，对相关重大工程的影响在后续的工程设计中应给予考虑。

# 第 4 章　气候变化对重大工程的影响

## 4.1　气候变化对重大工程的可能影响

### 4.1.1　气候变化影响重大工程的安全性和稳定性

全球气候变化，特别是升温、降水增多和极端天气气候事件频发，普遍会通过影响重大工程的设施本身、重要辅助设备及其所依托的环境，来进一步影响工程的安全性、稳定性、可靠性和耐久性，这种影响是所有影响中需首要关注的，也是最根本的影响。

一是气候变化对于工程设施本身产生影响。例如，强降雨增多导致高速铁路线路受到冲刷毁坏导致高速列车停运；极端天气事件增多而引发的地质次生灾害破坏输气管道以致管道工程寿命和安全使用受到影响；海平面上升、风暴潮加剧，破坏沿海港口工程的码头建筑物、防波堤、码头仓库、船舶和货物以及桥梁和港口集疏运通道等设施，导致运营受阻。

二是气候变化对于工程的重要辅助设备产生影响。例如，雷电多发导致高速铁路的电力、信号等设备受损，列车失控发生安全事故；台风和强台风显著增多增强，导致核电站通信、报警以及电力等设备被损坏，严重威胁核电工程运行稳定性和安全性；同时这种影响也可能是正面的，当大风日数和最大风速减少、沙尘暴减少时，风机设备受到的影响相应减小，风机的寿命得到延长，运行和维护成本也得以降低。

三是气候变化对于工程所依托的外部环境产生影响。例如，青藏铁路和公路修建于对温度十分敏感的特殊冻土环境之上，气温升高导致冻土融化，冻土地基的承载力下降，地上设施很可能发生下沉变形而破坏，发生工程病害，严重降低青藏铁路和青藏公路工程的可靠性、耐久性和稳定性；三峡库区温度升高、洪水干旱多发，影响生物遗传物质、生存环境、能量流动、物种迁移、生物产量等因素，使得库区生物多样性降低、生态系统脆弱性增加，若发生藻类水华，则水质和大坝运行安全都将受到威胁。

## 4.1.2 气候变化影响重大工程的运行效率和经济效益

全球气候变暖情景下，温度、降水的季节变化，海平面上升，极端气候事件频发等现象，对绝大多数重大工程的运行效率和经济效益都有一定影响，包括工程本身的运行效率、作用意义、工程成本、经济效益等。例如，低温冰雪增多使得高速铁路发生道床积雪、道岔结冰、线路冻胀、几何尺寸超标等，导致高速列车运行速度减慢甚至停运，影响运营效率，造成经济损失；持续高温造成城市用电水平激增，电网电力负荷过大、电能质量降低；气候暖湿化对三北防护林、草原生态保护工程等生态环境工程产生正面影响，有利于植被生长、巩固工程建设成果、改善生态环境；水利工程一般承担着发电、防洪抗旱、水资源调配、改善河道环境等使命，而气候变化，特别是温度升高导致的蒸发量增加、降水季节分配变化，将引发干旱、洪涝频发、径流量季节变化规律异常等现象，从而给水利工程的蓄水发电、航运、水资源调配、改善环境、防灾效益的综合发挥带来严峻的考验。

特别值得一提的是，气候变化对重大工程的经济影响是政府部门、工程投资方、工程受益群体所共同关注的。例如，海上航运是我国对外贸易的重要渠道，海平面的上升降低沿海港口的适航性，带来巨大的经济损失；海平面上升使沿海城市的风暴潮灾害风险增加；未来三峡流域降水显著增多、水资源增加，尤其是上游水资源增加明显，防洪发电航运综合效益持续发挥将对扩大内需、拉动经济增长、改善投资环境、促进中西部地区经济发展、合理调整经济布局、缩小长江中上游与下游地区发展差距产生重要的正面影响，而同时，极端气候事件频发会导致三峡工程运行不稳定，会给三峡工程供电地区如华南地区带来供电不稳、成本升高等问题，将直接影响三峡地区以及中西部地区的经济社会发展，进而影响供电地区如华南地区的经济发展。

## 4.1.3 气候变化影响重大工程的技术标准和工程措施

目前重大工程的设计与施工已经根据相关技术标准考虑了多种风险要素，但是随着全球气候变化、极端气候事件突发，以及工程的设计建造年代逐渐久远，气象灾害普遍给这些重大工程的工程技术标准等带来了新的挑战。例如，在温度敏感的冻土上建造的青藏铁路（公路），初始设计时就对冻土的地温分区很关注，但是气温变化致使分区情况有所改变，设计理论、补强设计理论以及工程措施等也要随之改变；对于水利工程而言，在极端强降水频率、强度增加的背景下，普遍存在着原有防洪标准偏低的问题，如何在成本可控前提下提高新建水利工程防洪标准、提高现有重大水利工程防洪能力，是一个亟须关注和研究的问题；海平面上升、风暴潮和短时强降雨多发对于现有沿海工程的设计标准提出了更高的要求，如最高潮位堤防标准偏低、涵闸工程受到挑战、泵的扬程和设计流量需要增大、城市管网和泵站排水能力设计标准偏低、沿海核电工程排水防洪等与降水和水位有关的设计标准偏低等问题将凸显。

## 4.2 气候变化对青藏铁路（公路）的影响

### 4.2.1 青藏铁路（公路）沿线地区的气候变化

青藏高原多年冻土区是全球低纬度地带海拔最高、面积最大的高原多年冻土区。青藏铁路格拉段海拔4000m以上线路有960km，经过连续多年冻土区约550km，是世界上海拔最高、线路最长的高原冻土铁路。青藏铁路（公路）沿线多年冻土区地处高原腹地，具有海拔高、气压低、气候严寒、冻结期长等特点。

气候环境是多年冻土形成的基本条件，年平均气温是制约多年冻土分布的主要因素。在青藏高原多年冻土区，只有年平均气温低于–2.6～–2.8℃时，黏性土地层才能形成岛状冻土；年平均气温低于–3.7～–3.8℃时，砂砾石地层才能形成连续冻土。随着全球气候变化，多年冻土区现场观测显示，多年冻土区平均气温呈逐年上升，暖冬现象越来越明显，多年冻土处于退化态势。随着地温升高，冻土层厚度减薄，冻土区面积逐步缩小。

根据青藏铁路沿线多年冻土区气象观测资料分析，多年冻土区近30年年来平均气温波动值在0.7～0.8℃，与20世纪70年代相比，气温普遍上升0.2～0.4℃，气温升温率平均约在0.013℃/a。青藏铁路沿线多年冻土区五道梁、风火山近40年来的气温升温率分别为0.021℃/a和0.027℃/a，青藏铁路沿线多年冻土区气温升高已是不争的事实。高原多年冻土环境的热平衡极为脆弱，气候变化和人类工程活动都可能改变多年冻土环境，造成多年冻土退化，进而引发地基融沉变形增大，影响多年冻土工程安全稳定。

## 4.2.2 气候变化对青藏铁路（公路）冻土环境的影响

多年冻土工程性质与地温、含冰量等密切相关，是一种对温度极为敏感且性质不稳定的特殊土体。青藏铁路沿线多年冻土十分复杂，尤其是高温极不稳定冻土区范围广，高含冰量冻土段落长，对气候变化更为敏感和复杂。21 世纪初，青藏铁路建设中多年冻土工程技术取得了一系列创新成果。自 2006 年开通运营以来，继续深化多年冻土线路维护技术研究，保证了冻土区线路基本稳定。对局部路基和桥梁出现的一些病害，包括路基开裂、桥头路基不均匀下沉及桥梁墩台变形等，采取了有效整治措施。青藏公路主要病害是冻土路基下沉变形与沥青路面开裂等病害，包括沉陷波浪、纵向裂缝、路面裂缝、翻浆等。受气温升高的影响，高原多年冻土环境发生了明显的变化，多年冻土出现退化，主要表现为：

1）多年冻土南北界出现退缩。根据调查资料，青藏公路多年冻土区长度已由 1979 年的 550km 减至 1991 年的 522km，退缩约 28km，岛状多年冻土由 1979 年的 210km 减至 1991 年的 191km，退缩约 19km。由于多年冻土退化，多年冻土区中的融区面积增加，不良冻土现象发育加剧。

2）多年冻土厚度减小。多年冻土区边缘地带岛状多年冻土退化尤为严重。1983 年调查，西大滩格拉输油管线 6 号油泵站附近多年冻土下限埋深在 24~25m，1991 年调查时其下限埋深已上升至 20m 左右。1975 年昆仑山北坡的惊仙谷多年冻土下限埋深约 20m，1994 年调查多年冻土下限埋深仅有 9m，14 年间多年冻土下限抬升了 10m，多年冻土厚度明显减小。

3）多年冻土地温明显升高。受气候变化影响，20 世纪 70~90 年代，大片连续多年冻土区多年冻土的年平均地温较 70 年代提高了 0.1~0.3℃；在岛状多年冻土区，多年冻土年平均地温升高了 0.3~0.5℃。其地温升温率在 0.0033~0.01℃/a。近 30 年来，在高原多年冻土区腹部地带，15~20m 深度地温升高 0.2~0.3℃；25~30m 深度地温升高 0.1~0.2℃。由于地温升高，冻土季节融化层厚度增大，不衔接多年冻土出现。

4）地表沙漠化加剧。多年冻土退化造成季节融化层增大，地表土体水分减少而引起植被退化，沙漠化加快发展，沿线的风沙危害加剧，而地表沙漠化又将加快冻土的退化。

## 4.2.3　未来气候变化影响预估

气候变化将会引起多年冻土热状态变化，从而影响多年冻土空间分布变化。对于不同升温条件多年冻土热状态和空间分布变化存在着较大差异，考虑 50 年气温升高 1℃ 和升高 2.6℃ 两种气候变化情景，原铁道部 2000 年科技计划项目"青藏铁路多年冻土变化趋势预测研究"开展了沿线多年冻土热状态的数值模拟预测和多年冻土地温带空间分布预测分析。

按 50 年气温升高 1℃ 预测。年平均地温大于 -0.30℃ 极高温多年冻土将会发生退化，高温极不稳定型多年冻土将少部分退化为季节冻土区；高温不稳定型多年冻土将部分转为极不稳定型多年冻土，部分年平均地温升高，50年后多年冻土不会发生完全退化；年平均地温高于 -1.47℃ 低温基本稳定型多年冻土将转为不稳定型多年冻土，而年平均地温高于 -2.52℃ 稳定型多年冻土将转为基本稳定型多年冻土。50 年气温升高 1℃ 对多年冻土的影响相对较小。

按 50 年气温升高 2.6℃ 预测。高温极不稳定型多年冻土将全部退化为季节冻土区；高温不稳定型多年冻土将部分退化为季节冻土，部分转为极不稳定型多年冻土；年平均地温低于 -1.15℃，高于 -1.68℃ 的低温基本稳定型多年冻土将转为极不稳定型多年冻土；年平均地温高于 -2.22℃、低于 -1.68℃ 基本稳定型和部分极稳定型多年冻土将转为不稳定型多年冻土，年平均地温低于 -2.22℃、高于 -3.34℃ 的极稳定型多年冻土将转为基本稳定型多年冻土。在此情况下，楚玛尔河高平原、秀水河和北麓河盆地、沱沱河至通天河一带铁路经过的绝大部分地区将演变成季节冻土区，少部分海拔相对较高地段成为高温极不稳定型多年冻土。50 年气温升高 2.6℃对多年冻土将产生很大影响。

50 年气温升高 3.0℃情况下，铁路沿线大部分地段将退化为季节冻土区。

## 4.2.4 冻土退化对工程的影响

多年冻土退化将引起地下冰融化、融区数量增加、季节融化层厚度增大和土地沙漠化加剧，对多年冻土区铁路工程产生不利影响。

1）多年冻土退化造成地基融沉变形。多年冻土退化过程中冻土上限下降和地温升高将引起地下冰融化，路基将产生较大的融沉变形。气温升高导致季节融化层厚度增大，造成地基多年冻土的融沉量增加，寒季冻结时冻胀量也相应增大，致使路基产生长期变形，增加维护工作量，影响冻土工程的安全稳定。

2）多年冻土退化降低地基承载力。多年冻土退化造成冻土温度梯度改变，多年冻土地温升高，使处于热稳定状态的冻土逐渐演变为不稳定、极不稳定型多年冻土。冻土强度随地温变化，地温升高强度降低，冻土压缩变形和蠕变速率相应增大，冻土地基的承载力下降，冻土工程稳定性降低。

3）多年冻土退化导致冻胀变形加剧。多年冻土退化造成季节融化层厚度增加，地表冻结深度和产生的冻胀量相应增加，冻胀危害将更趋严重。

4）多年冻土退化造成不良冻土现象发育。多年冻土退化影响边坡稳定，引发边坡表层坍塌、融冻泥流等危害，地下冰融化可能形成热融湖塘，地下水径流的变化易产生冻胀丘、冰锥，影响冻土工程安全。

5）多年冻土退化引发沿线风沙危害。多年冻土退化造成地表植被退化或消失，高寒沼泽草甸草原逐渐演变为高寒草甸草原，植被覆盖度降低，土地沙化和荒漠化加剧，红梁河、秀水河、北麓河、沱沱河、扎加藏布河、措纳湖等地风沙危害日益严重，道床积沙、涵洞洞口积沙等沙害常有发生，直接威胁行车安全。

## 4.2.5 气候变化对冻土工程设计的影响

多年冻土区铁路工程设计的关键在于保护冻土地基不发生融化和退化，使工程结构置于稳固的地基上。多年冻土的年平均地温决定了地基的热稳定状态，现有多年冻土工程设计以冻土地温分区为前提。

### (1) 气候变化对冻土工程设计原则的影响

多年冻土工程设计通常根据冻土地温分区，采取保护多年冻土的设计原则、控制融化速率的设计原则和预先融化或清除多年冻土的设计原则。由于冻土地温分区主要取决于年平均地温，气候变化对年平均地温有直接影响，气候变化可能导致冻土地温分区的调整，原始地温分区确定的设计原则可能难以适应气候变化带来的影响。因此，多年冻土工程设计需要考虑气候变化引起的冻土地温分区调整，科学确定采取的工程设计原则。

### (2) 气候变化对冻土工程措施选择的影响

目前已有的冻土工程措施，依据对多年冻土地温影响可划分为被动保护措施和主动保护措施两大类。不同工程措施有其相应的使用条件；被动保护措施主要适用于低温稳定冻土区，主动保护措施适用于低温基本稳定和高温不稳定冻土区。对高温极不稳定冻土区和厚层地下冰地段采取保护冻土措施难以防止冻土退化时，应采取"以桥代路"措施。冻土工程措施的选择与冻土地温密切相关，必须考虑气候变化影响的适应性问题。

被动保护措施主要采取增加路堤高度和铺设保温材料等，隔断或减少外界进入路基下部的热量，从而阻止或延缓多年冻土退化。被动工程措施的出发点在于克服或延缓由于冻土退化造成的路基破坏，不能从根本上改善路基的热物理状态，在多年冻土长期退化的背景下，冻土路基仍然会出现融沉变形。因此被动保护措施应慎用。

主动保护措施以调控热的传导、对流和辐射为理论基础，利用高原大气冷能主动改善冻土的热状况，使其向有利于工程稳定性的方向发展。主要包括通风路基、碎（片）石护坡及热棒等工程措施。热棒是一种汽液两相对流循环热导装置，利用热虹吸原理驱动工作介质循环流动，当冷凝剂和蒸发器之间存在温差时，工作介质在蒸发器中吸收热量，转化为气体介质，然后在上端冷凝段冷凝放出气化热，从而将地基基础的热量传送到地表与空气进行换热。热棒通过季节性制冷过程，降低多年冻土地温，增加地基土的冷储量，进而保持多年冻土的稳定性。因此，应大力发展和应用主动保护措施。

在厚层地下冰地段、不良冻土现象发育地段和地质条件复杂的高含冰量冻土地段，由于其对气候变化极为敏感，通常的保护冻土措施难以防止多年冻土的退化，应采取"以桥代路"措施。

## 4.3　气候变化对高速铁路的影响

高速铁路是当今时代高新技术的集成和铁路现代化的标志。与发达国家相比，中国高速铁路发展起步虽晚，但发展最快。2013 年，我国高速铁路总营业里程达到 11 028km，在建高速铁路规模 1.2 万 km，成为世界上高速铁路投产运营里程最长、在建规模最大的国家。高速铁路所经之处气候条件相差悬殊，气候变化对高速铁路建设和运营有很大影响，表现为气候变化导致极端天气增加，极端天气增加对列车运行安全造成的危害增大，同时频繁发生的各种气象灾害对高速铁路行车秩序的影响将更趋严重，高速铁路建设和运营中必须积极应对气候变化带来的不利影响。我国气象灾害种类多、分布广，对高速铁路运行安全危害较大的气象灾害主要包括大风、强降雨、低温冰雪、雷电、雾霾等。

## 4.3.1　大风对高速铁路的影响

　　大风严重威胁铁路运输安全，给运输组织带来极大干扰，其危害主要包括：大风造成列车脱轨、倾覆，列车晚点或停运。另外，风沙造成车窗玻璃破损、道床板结、钢轨磨损增大、行车设备寿命减短等现象也十分普遍。我国沿海地区台风灾害和西北地区风沙灾害直接威胁铁路行车安全。兰新铁路百里风区和南疆铁路三十里风区，最大风速在 60m/s 以上，以前曾多次发生列车被大风吹翻或脱轨事故，给铁路运输生产造成重大损失。2006 年 4 月，兰新铁路百里风区、三十里风区遭遇了强风沙灾害，35 台机车 208 块玻璃被打坏，8 列客车 2135 块车辆玻璃破损。高速列车具有速度高、重量轻等特点，大风危害较普速列车更为严重，必须高度重视，防止行车安全事故的发生。

## 4.3.2　强降雨对高速铁路的影响

　　强降雨引起江河水流增大和水位急剧上涨形成洪水，暴雨洪水可能淹没线路甚至冲毁线桥设施，引发滑坡、泥石流等地质灾害，冲毁高速铁路基础设施，直接影响高速列车的运营安全。强降雨及其引发的自然灾害对高速铁路的影响具有明显的季节性，是对铁路运行安全危害最大的自然灾害。1963 年 8 月，河北大暴雨致京广、石太、石德三条铁路被冲断 430 处，冲毁桥涵 64 座，京广线中断行车 48 天。1981 年 7 月，四川大暴雨引发成昆铁路沿线特大泥石流，两孔桥梁被冲垮，两台机车和两节车厢落水被冲走，造成中国铁路史上最大的泥石流灾害之一。2010 年 8 月，宝成线石亭江大桥 5 至 7 号桥墩受洪水冲刷倾倒，造成 K165 次列车 2 节车厢坠落桥下，1 节车厢悬在桥上，由于防护和抢救及时，旅客全部得到安全转移，中断行车 55 天。

### 4.3.3  低温冰雪对高速铁路的影响

高速铁路受冬季低温冰雪灾害的影响主要集中在我国的北方，尤以东北地区最为明显。冬季的严寒伴随着降雪和冰冻容易造成高速铁路道床积雪、道岔冰冻、接触网和车底结冰等现象，甚至造成线路冻胀、几何尺寸超标，造成高速列车降速运行。

哈大高速铁路在严寒条件下出现了路基不均匀冻胀、混凝土底座及轨道板裂损等不同程度的冻胀现象。受冬季冰雪灾害的影响，哈大高速铁路实行了冬夏两张运行图，夏季按300km/h的速度运行，冬季按200km/h的速度运行。国外因严寒引起的行车事故也有发生，2009年12月，由于严寒导致连续6列欧洲之星高速列车出现电路故障被困英吉利海峡隧道后，欧洲之星采取了一些紧急措施，冬季对滤雪装置进行特别检查，对敏感部位采取额外防雪措施，线路有积雪时列车减速至170km/h行驶以避免产生雪雾等。

### 4.3.4  雷电对高速铁路的影响

由于高速铁路高架桥比例很大，桥上接触网位置较高及高速铁路电子设备大量应用更易受雷击危害。我国已经运营的高速铁路由于雷害造成牵引供电和通信信号等电子设备故障较普速铁路更为严重，影响列车正常运行。雷电对高速铁路威胁主要体现在高速铁路电力设备和信号设备易遭雷击，影响设备的正常使用，危及高速列车安全运营。

### 4.3.5  雾霾对高速铁路的影响

雾霾对高速铁路的影响主要反映在两方面：一是影响行车。雾霾天气影响行车作业人员的视线，使之难以辨认或根本无法确认各种行车信号的指示及标志灯的显示，构成对高速列车安全运行的直接性威胁。二是影响设备的使用。雾霾大量的悬浮颗粒物附着在高压系统绝缘体上，就会在绝缘材料表面形成一层导电层，27.5千伏高压击穿绝缘设备形成接地，通常称为"污闪"，我国高速铁路多起列车晚点事故就是因雾霾造成的动车组供电系统故障引起的。

## 4.3.6　气象灾害综合影响具有明显地域性

各种恶劣气象条件严重影响着高速铁路的运营安全，但不利气象致灾因素往往相伴产生耦合，进一步增大了高速铁路防灾的难度，加大致灾的可能性。例如，夏季雷雨时，风雨雷电相伴发生，甚至伴有冰雹、龙卷风灾害；台风来临之际，狂风暴雨外还会伴生风暴潮，对我国沿海地区高速铁路的危害更大；北方春季大风常会引发沙尘暴，甚至在西北地区会夹杂沙石，破坏高速铁路的基础设施和移动设施。我国冬季南北气候差异较大，从北向南气温逐渐增高，哈大高速铁路冬季从北向南行驶的动车组，积雪可粘附在动车组车体下部或底部冻结成块，往南行驶气温逐渐升高，冻结在车底和车身上的冰雪逐渐融化脱落，会砸坏安全基础设施，甚至有可能导致动车组脱轨。多种气象因素叠加耦合，对高速铁路工程的影响更具威胁性，大大增加了高速铁路防灾的复杂性。

影响我国高速铁路的气象灾害分布具有明显的地域性。沿海地区及西北地区部分山口地段的高速铁路受大风影响较为严重，秦岭-淮河以北内陆地区的高速铁路受大风影响次之，秦岭-淮河以南内陆地区的高速铁路受大风影响最小；沿海地区和长江流域的高速铁路受暴雨影响较为严重，并有由东南沿海向西北内陆逐渐减弱的趋势；受低温冰雪影响的高速铁路主要分布在东北地区和长江以南的内陆地区；长江以南至东南和南部沿海地区的高速铁路受雷暴影响较为严重，并有自北向南由弱到强的趋势；由于雾霾天气主要出现在工业和经济发达的中东部地区，我国运营的高速铁路大多受到雾霾影响，影响较重的主要集中在我国东部和西南地区。长期以来，我国铁路沿线因气候引起的灾害事故频繁，严重影响高速铁路的安全运营，如何减轻气候变化对高速铁路的影响具有重要的现实意义。

## 4.4　气候变化对水利水电工程的影响

气候变化引起了我国水资源分布的变化。近50年特别是1980年以来我国各大江河的实测径流量多呈下降趋势，水资源时空分布不均问题更加明显，局部地区的强降雨、高温干旱以及超强台风等极端天气灾害出现的频率和强度显著上升。气候变化及其导致的水旱灾害风险增加，给水利水电工程及水资源管理带来了新的挑战，对我国供水安全、防洪安全、水生态环境安全造成了多方面的影响。

### 4.4.1　长江三峡水利枢纽工程

长江三峡工程是世界上最大的水利水电枢纽工程之一，和其下游不远的葛洲坝水电站形成梯级调度电站，控制流域面积100万 km²，占长江流域总面积的55.6%。在全球气候变暖背景下，2050年前，三峡工程所在地区的区域气候将发生变化，导致气候水文条件发生变化，特别是降水和气温的变化，将引起水资源量的变化，极端气候事件的频率和强度将增加，这些改变会加剧三峡工程的运行调度及水库管理的压力，同时也对周边地区的水文系统、生态环境和社会经济等带来正面或负面的影响。

**(1) 对气候水文的影响**

2050年前，三峡库区未来各月气温均呈上升趋势，其中，夏季6～8月的气温增加趋势最为显著。三峡库区逐月降水在 7 ~ 11 月总体呈减少趋势，尤其是秋季月份的降水减少较为明显，而冬季和春季月份的降水有增加趋势。

全球气候模式 ECHAM5/MPI-OM 在三种排放情景（A2、A1B、B1）下进行预估表明：2050 年前，长江三峡以上流域的地表水资源量年际及年代际波动均较为显著。高排放情景下，水资源量有微弱的减小趋势，而低排放情景下，三峡以上流域水资源量有增加的特征。不同排放情景下预估的水资源空间分布特征各有不同，空间分布差异进一步加大。

未来气候变化条件下，三峡工程区域虽然降水量变化不大，但径流量的减少幅度和蒸发量的增加幅度要大于降水量的减少幅度，给三峡库区的水资源综合管理提出了更高的要求。

就长江流域而言，根据平均降水预估，未来降水呈上游增加、中下游减少的趋势，强降水事件的发生频率在上游和中游南部等地区会有较大增加。长江三峡工程以上流域极端降水事件特征也在不同排放情景下发生相应的变化，但日最大降水量均显示出增加的趋势。水资源量的波动及其幅度变化，将容易导致来水量过丰或过枯，以及三峡水库入库流量变动范围增大。极端降水量的增加将使三峡水库入库水量增加，尤其当入库水量超过原库容设计标准及相应正常蓄水位时，将引起水库运行风险。

因此，对三峡工程及其周边地区，未来极端天气气候事件发生频率及强度可能增大，将引发超标洪水的产生，对三峡工程造成防洪压力；而极端降水强度和频次的增加，可能会增加库区突发泥石流、滑坡等地质灾害的发生概率，对水库管理、大坝安全及防洪等产生不利影响；同时，秋季降水减少可能导致枯水期的干旱事件增加，将影响三峡水库的蓄水、发电、航运以及水环境，给三峡水库的调度运行和蓄水发电等效益的综合发挥带来一定影响。

### （2）对生态环境的影响

三峡水库蓄水后受水域扩大的影响，近库地区的气温发生了一定变化，表现出冬季的增温效应，夏季的弱降温效应，但总体以增温为主。同时，极端降水事件增加，加剧了洪涝和干旱频发，增加了夏季洪涝和秋季干旱的风险性。这些趋势将对三峡地区的生态环境和生物多样性带来相应的影响。

气候变化将影响水资源的供应和需求，影响淡水生态系统和全球生态服务系统。对于森林系统，气温升高影响物种的空间迁移、生态系统的生物总量和年生物产量，进而造成林木的种类、复杂性降低，脆弱性增加。对于草地系统，气温不断升高使草原旱情更趋频繁，程度加重，牧草营养成分降低，病虫害和水土流失加重，加剧草场的退化。研究表明，干旱发生时，三峡水库的蒸发量增加、流量减少延长了水体和营养的滞留时间，使得库区藻类生物量的增多，或者导致流域硅输入的减少，引起库区硅浓度下降，有可能引发大规模的藻类水华的暴发。此外，气候变化引起的气温上升也可能促使藻类水华更加严重。

气候变化必然使遗传物质发生改变，并进而引起遗传多样性变化。温度变化直接影响水生生物个体生理活动和性别发育，降水直接影响水生生物繁殖过程和生理活动。此外，气候变化还对珍稀动植物本身及其生存环境造成威胁。气候变化间接影响水生生物的食物来源和生存环境，从而影响生物物种的多样性。气候变化直接影响生态系统内生物的分布和各营养级间的能量流动，通过改变水文节律，间接影响水生生物的物种组成及其生物资源总量。

与当前气候条件下相比，未来三峡库区气温持续升高，三峡库区较高度脆弱和极度脆弱的生态系统所占的比例以及不脆弱的生态系统比例均有所减少。自然生态系统的脆弱性有所增加，但其分布格局与当前气候条件下相似。同时，在区域气候变化背景下，三峡库区极端降水事件发生频率增加，特别是洪涝和干旱频次的增加，与三峡库区水体富营养化加重和蓝藻水华暴发频次上升等环境问题也存在一定的相关性。

### (3) 对社会经济的影响

2050 年前，三峡库区气候变化对周边地区甚至更大区域的社会经济发展既可能带来积极影响，又可能造成不利影响。其中，积极影响主要体现在水资源增加和改善经济布局方面。若三峡库区以及整个长江上游地区的水资源在未来几十年内比较丰沛，则三峡工程的防洪、发电、航运等综合效益将持续发挥，有效扩大内需，拉动经济增长，改善投资环境，促进中西部地区经济发展，合理调整经济布局。三峡工程的优化调度将促进长江流域特别是重庆至九江地区的社会经济发展，加快经济布局由东部地区向中西部地区的战略转移，缩小长江中上游地区与下游地区的发展差距。不利影响是考虑到未来几十年区域气候变化尤其是极端气候事件频发，可能会对三峡工程的防洪、发电、航运等功能造成影响。例如，三峡工程运行的不稳定性增加，会对三峡工程供电地区如华南地区带来供电不稳、成本升高等问题，将直接影响三峡地区以及中西部地区的经济社会发展，进而影响供电地区如华南地区的经济发展。

## 4.4.2　南水北调工程

南水北调是缓解中国北方水资源严重短缺局面的战略性工程。我国南涝北旱，南水北调工程通过跨流域的水资源合理配置，大大缓解我国北方水资源严重短缺问题，促进南北方经济、社会与人口、资源、环境的协调发展，分东线、中线、西线三条调水线。

东线工程从长江下游调水，向黄淮海平原东部和山东半岛补充水源，其基本任务是解决调水线路沿线和山东半岛的城市及工业用水，改善淮北部分地区的农业供水条件，并在北方需要时，提供农业和部分生态环境用水。

中线工程南起汉江下游湖北丹江口水库的陶岔引水闸，沿唐白河平原北缘、华北平原西部边缘,跨长江、淮河、黄河、海河四大流域,沿途经过湖北、河南、河北三省,直达北京的团城湖和天津市外环河。中线工程可以解决北京、天津及河北、河南京广铁路沿线城市供水问题,通过调水补充京津冀华北平原的水资源供应量。

西线工程是从长江上游干支流调水入黄河上游的跨流域调水重大工程,是补充黄河水资源不足,解决我国西北地区干旱缺水的重大战略措施。西线工程涉及面广、影响范围大,将在缓解黄河上游地区水资源紧缺,遏止土地沙漠化,改善生态环境,促进经济社会可持续发展,推进西部大开发战略的顺利实施等方面发挥巨大的效益,但也会对水资源调出区的生态环境和经济社会发展带来一定的不利影响。

### (1) 南水北调工程沿线气候观测事实

东线工程受水区年降水量整体呈增加趋势,其中江苏北部地区、山东半岛及河北沿线地区年降水量呈下降趋势。中线工程受水区河南、河北、北京和天津等地的年降水量均呈现下降趋势。

从季节降水量来看,春季降水量呈现南减北增的趋势,而夏季降水量与春季相反,呈现南增北减的趋势;对于秋季降水量,河北和北京、天津等地区呈现减少的趋势,而其他地区均呈现增加的趋势;冬季降水量减少区域主要集中在河北、北京、天津、青岛及潍坊等地区,其他地区均呈现增加的趋势。

东线工程及中线工程受水区年平均气温呈升高趋势。从季节平均气温来看,春季和冬季东线及中线工程调水区域平均气温呈现升高的趋势,对于夏季,河南及山东西南部平均气温呈现降低的趋势,其他地区呈现升高的趋势;对于秋季平均气温,仅青岛呈现降低的趋势,其他地区均呈现升高的趋势。

南水北调西线工程水源区降水量从东南向西北呈减少趋势。西线水源区34个气象站点中仅有9个站点呈现减少的趋势,其他站点均呈现增加的趋势，增加趋势的站点占总体的 73.5%。从季节降水量来看，南水北调西线工程水源区降水四季分布不均匀，春季降水量呈现增加的趋势，而夏季降水量变化趋势空间分布较为复杂，其中 41.2% 的站点呈现减少的趋势，主要分布在金沙江沿线及四川西南部；对于秋季降水量，有 55% 的站点呈现减少的趋势，主要分布在雅砻江沿线；冬季降水量有 73.5% 的站点呈现增加的趋势。

南水北调西线工程水源区多年平均日气温从北向南逐渐升高，年平均气温呈升高趋势。从季节平均气温来看，夏、秋和冬季西线工程调水区域平均气温呈现升高的趋势，对于春季，调水区南部地区出现平均气温降低的趋势，其他地区平均气温呈现升高的趋势。

### （2）南水北调工程沿线未来气候变化

利用国家气候中心的全球大气耦合海洋环流模式（NCC/IAPT63），考虑两种排放情景 SRES A2（高排放）和 A1B（中等排放）两种情景，对南水北调东线工程受水区未来 10～30 年的气候变化进行预估，结果表明，该区域将进一步变暖，尤以冬季东线北部变暖最明显。其中 A2 情景，东线地区北部 2020 年 1 月变暖 7.2℃。夏季东线南部变暖最小，其中 2020 年 7 月变暖 0.9℃，气候变化对南水北调工程东线各区降水量的影响不明显，其中 A2 情景下降水量略微增加，A1B 情景下降水量略微减少。

根据世界气候研究计划（WCRP）的耦合模式比较计划—阶段 3 的多模式数据结果，选取 1961～1990 年作为气候基准期，分析 A2、A1B 和 B1（低排放）情景下南水北调中线工程水源区未来降水和气温的变化。结果显示，三种气候情景下未来降水量变化趋势总体一致，较基准期都呈现出增加趋势，年变化率分别为 1.59%、1.41% 和 0.65%，A2 和 A1B 情景下降水量增加趋势明显增加趋势。三种情景下各年代降水量大都呈增加趋势，A2、A1B 和 B1 情景下年平均降水量在 21 世纪 20 年代分别较基准期变化 2.45%、−0.145% 和 2.91%，在 21 世纪 50 年代分别较基准期增加 7.60%、6.24%

和 5.13%。三种气候情景下未来年平均气温较基准期都呈现出显著的上升趋势，分别增加 0.433℃、0.378℃和 0.219℃，A2 情景下年平均气温增幅最大，B1 情景下增幅最小。在 21 世纪 20 年代 A2、A1B 和 B1 情景下年平均气温分别较基准期增加 0.971℃、1.038℃和 0.886℃；在 21 世纪 50 年代 A1B 情景下增温最为明显，较基准期增加 2.316℃，A2 情景下增温趋势次之，为 2.039℃，B1 情景下增温略缓，为 1.584℃。

基于区域气候模式 RegCM3，通过设置两组不同 $CO_2$ 浓度值的数值模拟试验，试验结果表明：$CO_2$ 浓度加倍后，西线水源区近地面气温升高、降水量和径流量（尤其是夏季）增加。其中，年平均近地面气温升高 0.71℃，且在冬季升温最为明显，年平均降水量增加 5.24%，主要在汛期 5～9 月表现为增加；年平均径流量增加 3.14%，具体表现为夏秋季增加而冬春季减少。

### (3) 气候变化对南水北调工程的影响

未来南水北调东线工程和中线工程水源区的年平均气温和降水量均呈现增加趋势，未来汉江上游的径流量较基准期将出现先减少后增大的趋势，气候变化将增加汛期长江下游径流量，但其年内分配可能变化，当三峡水库蓄水与南水北调同时运行时，要防止枯水年对下游航运及生态环境的制约，以及入海径流量的锐减可能导致的海水入侵与风暴潮灾害的加剧。东线工程和中线工程受水区温度和降水均呈增加趋势，由于蒸发量的加大，使得径流量的增加不显著，未来径流量的增长不足以抵消需水量的增加，华北地区缺水的局面仍不能得到缓解。

未来南水北调西线水源区三种情景下降水和温度较基准期将呈现增加趋势，未来径流量较基准期有增大趋势，而受水区黄河上游未来径流将呈现减少的趋势。

## 4.4.3 西南地区水电工程

目前,西南地区已经开工或规划建设的有金沙江水电基地、雅砻江水电基地、大渡河水电基地、乌江水电基地、南盘江-红水河水电基地、澜沧江干流水电基地等6大水电基地。西南水电开发对实行资源优化配置,改善我国能源结构,减少煤炭运输和环境保护压力,带动西部经济发展都起到了极大的促进作用。

### (1) 金沙江水电基地的气候观测事实以及气候变化趋势预估

从1960~2003年年降水量来看,金沙江上游和中游降水量增加趋势并不十分明显,金沙江下游降水量呈现明显的减少趋势。春季,金沙江上游和中游降水量呈增加趋势,上游增加趋势明显,下游整体趋势不明显;夏季,上游降水量呈减少趋势,中游呈增加趋势,但均不明显,下游减少趋势明显;秋季,金沙江上游和中游降水量呈增加趋势,下游降水量呈明显减少趋势;冬季,下游降水量略呈减少趋势,中游降水量则略呈增加趋势,上游降水量增加趋势较为明显。

1960~2004年,金沙江流域大部分地区年均气温呈显著性升高趋势,平均趋势率为0.173℃/10a,且主要发生在1980年以后,仅攀枝花地区年均气温出现显著性下降趋势;年均气温普遍存在7~9年、14~15年和23~25年的周期,2~3年的短周期不显著;并且1980~2000年间发生突变,干流年均气温序列主要在1997年、1985年发生突变,直流年均气温序列主要在1992年发生突变。

金沙江流域径流量的年际变化较小,空间上呈现一致性,时间上变化不显著,存在着最长4年的连丰期和最长3年的连枯期。年径流呈现不显著的增加趋势,上游至下游其径流增加趋势率逐渐增大,其径流在1966年和1997年发生显著性突变。径流变化普遍存在3~5年小周期振荡、9年左右的中周期和 17 年左右的长周期。

未来金沙江流域降水量总体上呈增加趋势。在 2020 年前以减小为主，2020~2040 年间降水量开始增加，2060 年后降水量呈明显增大趋势。

### （2）雅砻江水电基地的气候观测事实以及气候变化趋势预估

雅砻江为金沙江最大支流，位于四川省西部。雅砻江流域降水分布地区差异较大，年份分配严重不均匀，但年际变化小。年降水在 1960~2004 年呈不显著的上升趋势，相比之下，春季降水上升趋势显著。年降水突变主要发生在 1997 年，但夏季降水在 1966 年也表现出显著性突变。降水存在 3 年、5 年、11 年、19 年的年际周期变化，其中，8~15 年降水的周期振荡最显著。

雅砻江流域气温年内变化较频繁且幅度较大，年际变化不大，呈现出显著性上升趋势，其中冬季升温趋势最大。年气温的突变主要发生在 1992 年，而四季气温的突变点各异。其周期主要为 4 年、7 年、14 年、24 年，其中 5~10 年和 8~15 年气温的周期振荡最显著。

雅砻江流域水量丰富，但径流年内分配不均匀，年际变化不大。与降水相同，自 1960 年以来，径流呈不显著的上升趋势，且在 1966 年和 1997 年发生突变。年径流以 3 年、5 年、12 年、19 年、37 年为周期变化，其中 12 年为主周期，并且伴随着周期的振荡，径流丰—枯变化与降水的强—弱变化相对应。

在未来 100 年内，该流域降水量总体上呈现出增加趋势。

### (3) 大渡河水电基地的气候观测事实以及气候变化趋势预估

近 51 年来，大渡河流域整体来看年降水量呈增加趋势，但不明显，除秋季外各季降水均呈增加趋势，其中春季降水量增加趋势较明显。

大渡河流域年径流变化呈增加趋势但不明显，年径流变化主要受降雨影响。

通过降水时序变化的小波分析，结合历史曲线和周期分析，大渡河上游未来 5～7 年仍将处于多雨期。而大渡河中游正处于少雨期的末期，预计未来 10 年大渡河中游将处于中雨期。总体估计，大渡河流域未来 10 年将处于多雨期。

### （4）乌江水电基地的气候观测事实以及气候变化趋势预估

乌江流域年及四季气温均呈增加趋势，除春季微弱增加，升温速率仅为 0.006℃/a 外，其他季节及年气温增加显著，秋季增温速率达 0.019℃/a，冬季增温速率也达 0.018℃/a。乌江流域气温的升温趋势从气温升高的站点数也可明显体现，除夏季升温站点数占 72% 外，其他季节及年气温升温站点数均占 91% 以上，以冬季 94% 为最多。

秋季显著升温，降水量明显减少，春季升温不明显，但降水量减少也非常突出，这在一定程度上加大了该地区春旱、秋旱发生的程度，对农作物不利。冬季降水量虽然增加，但升温也非常显著，而且冬季降水量所占比重本来就很小，因此很可能导致该地区秋冬春三季连旱的发生。而夏季降水的增加，也在一定程度上加大了该地区洪涝灾害发生的频率。

乌江流域河川径流主要靠天然降水补给，其在 1956～2005 年期间经历了枯水—丰水—枯水—丰水—枯水的交替变化，该趋势与降水变化趋势基本吻合。

在 A1B、A2 和 B1 三种温室气候排放情景下，分析气温的年及四季变化，所有气候模式气温都呈增加趋势，气候显著变暖，升温速率 B1 情景下为 0.02℃/a，A1B 和 A2 情景下，分别为 0.035℃/a 和 0.041℃/a，升温非常明显。

未来降水在三种情景下，总体上也表现为增加趋势，以冬季降水增加最为微弱，在 B1 情景下，冬季降水甚至表现出轻微的减少趋势。

### (5) 南盘江红水河水电基地的气候观测事实以及气候变化趋势预估

20 世纪 50 年代以来，降水量经历了两段增长期和两段减少期，50 年代降水为最少期，50~70 年代降水量呈增加趋势，70 年代降水量达到顶峰，70~80 年代降水量呈减少趋势，80 年代降水量为最少期，80~90 年代降水量再次呈增加趋势，90 年代以来再次呈减少趋势。降水量年际变化较大。

40 年来，该区域平均气温呈显著的增加趋势，增加速率为 0.10℃/10 a，并于 1987 年前后发生了非常明显的变暖突变；空间分布上，除红水河地区平均气温呈微弱的下降趋势外，其他地方均表现为增暖。

该区域径流来源主要是降水补给，河川的基流较小，洪峰水量集中，其大小取决于降水。因此，流域内径流的变化与降水有着明显的对应关系。降水的时空分布决定了径流在年内、年际的分配特性。

采用 Hadley 中心的 CM2、CM3 等 6 个气候情景用大尺度水文模型模拟了 2025 年、2050 年和 2080 年西江流域年径流相对于 1961~1990 年径流的变化，结果西江径流既有增加也有减少。6 个气候情景集成得到西江 2050 年两个不同的预测结果，一是降水量、蒸发能力和径流量分别增加 8%、11%、5%；二是降水量和蒸发能力分别增加 4% 和 18%，而径流量则减少 5%。

应用 HBV-D 水文模型和 IPCC AR4 提供的气候模拟数据，对西江流域的逐日径流过程进行了多气候模式、多温室气体排放情景模拟。结果表明 1960~2006 年年降水量和年径流量呈减小趋势，未来则呈增加趋势，且未来长期变化大于中期变化，中期变化大于短期变化；洪水强度随预估时间延长逐渐增强、频率逐渐增加，到 21 世纪 80 年代洪量可达基准期（1971~2000 年）的 1.3 倍，重现期由 30 年缩短到 2~10 年；丰水期径流以及洪水强度增强、频率增加将给西江流域水资源管理特别是防汛抗洪增加压力，并可能对现有一些防洪工程造成威胁。

### （6） 澜沧江干流水电基地气候观测事实以及气候变化趋势预估

澜沧江流域气候差异很大，流域多年平均年降雨量为996mm，年降水量呈自南向北递减趋势，但愈向北递减率愈小。流域降水量年内分配不均匀，汛期5~10月降水量占年降水量的65%~90%。1951~2008年澜沧江流域的年降水量下降了46.4mm，春季和冬季降水以增加趋势为主，降水变化率分别为每10年增加6.9mm和0.5mm，夏季和秋季降水则以减少趋势为主，降水变化率分别为每10年减少7.0mm和1.2mm，而澜沧江源区年降水量呈显著增加趋势。

云南境内澜沧江上下游的年径流量变化均表现出了十分明显的多时间尺度变化特征。其年径流量变化差异主要表现在较小的时间尺度上，而对于较大的时间尺度，它们之间的年径流量变化特征是十分相似的。澜沧江上下游的年径流量变化与云南的年降水量场变化之间存在着十分显著的相关关系，其年径流量的变化主要是由年降水量场的变化造成的。

利用澜沧江流域1951~2008年的降水和气温观测资料以及多模式集成的21世纪（2010~2099年）在A1B、A2和B1情景下气候变化模拟试验的预估结果，分析了未来90年的气候变化趋势。结果表明，在未来的90年，无论在哪种排放情景下，降水量都表现为明显的上升趋势，而且相对于过去58年的结果，3种不同情景下降水的年代际变率都有所增加，其中A2情景值最大，B1情景值最小。

## 4.4.4 黄河流域重大水利水电工程

黄河上游龙羊峡至青铜峡河段，全长1023km，龙羊峡以上和青铜峡以上流域面积分别为131 420km² 和270 510km²，总落差1465m，规划利用落差1115m。多年平均流量龙羊峡断面为650m³/s，青铜峡断面为1050m³/s，水能资源蕴藏量1133万kW。本河段开发的主要目标是发电，为西北地区提供稳定可靠的电源，远景西北与华北、西南联网，进行水火电间及不同调节性能水电站间的补偿调节，使三大电网水火电站的潜力得以发挥；同时对黄河上、中游具有灌溉、防洪、防凌、供水等综合利用效益。目前本河段已建刘家峡、盐锅峡、八盘峡、青铜峡、龙羊峡、李家峡6座电站。黄河中游北干流是指托克托县河口镇至禹门口（龙门）干流河段，通常又称托龙段。北干流全长725km，是黄河干流最长的峡谷段，具有建高坝大库的地形、地质条件，且淹没损失较小。该河段总落差约600m，实测多年平均径流量约250亿 $m^3$（河口镇）至320亿 $m^3$（龙门），水能资源比较丰富，初步规划装机容量609.2万kW，保证出力125.8万kW，年发电量192.9亿kW·h。黄河中游是黄河洪水泥沙的主要来源，龙门多年平均输沙量10.1亿t，其中85%以上来自河口镇至龙门区间。河段的开发可为两岸及华北电网提供调峰电源，并为煤电基地供水及引黄灌溉创造条件；同时又可拦截泥沙，减少下游河道淤积，减轻三门峡水库防洪负担。本河段开发自上而下安排万家寨、龙口、天桥、碛口、古贤、甘泽坡6个梯级，可以较好地适应黄河水沙特性和治理开发的要求。此外，下游较大的水库还有小浪底水库和三门峡水库。黄河流域重大水利水电工程具有防洪、排沙、供水、发电等多重功能，对于治理开发黄河具有重要意义。

### (1) 黄河流域气候变化的基本事实

1961～2010年流域多年平均气温为6.96℃，年平均气温变化呈显著上升趋势，线性倾向率为0.03℃/a，其增加趋势的检验通过了0.01的显著性水平。5年滑动平均也较好地反映了流域气温变化的波动上升趋势。

黄河流域大部分属于干旱、半干旱的大陆性气候区。1961～2010年流域多年平均降水量为448mm，降水年内分配不均，大约60%的降水量集中在6～9月。年平均降水量变化呈不显著的减少趋势，线性倾向率为–0.97mm/a。5年滑动平均较好地反映了流域降水变化的波动下降趋势。

据黄河水文观测资料统计，黄河下游自20世纪70年代以后入海年径流量逐渐变小，并开始出现季节性自然断流现象，特别是进入 80 年代后期，断流时间不断提前，断流范围不段扩大，断流频次、历时不断增加。90 年代之后，断流现象更为严重，其中 1995 年，地处河口段的利津水文站，断流历时长达 122 天，断流河长上延至河南开封市以下的陈桥村附近，长度达 683km，占黄河下游（花园口以下）河道长度的 80% 以上。1996 年，地处济南市郊的泺口水文站于 2 月 14 日就开始断流；利津水文站该年先后断流 7 次，历时达 136 天。1997 年，黄河断流达 226 天，为历时最长的断流。2000 年以后，随着黄河流域调水调沙实践开展，黄河断流现象逐步好转，入海生态基流得到保证。

### （2）黄河流域气候变化趋势的预估

从 2000 年开始，三种气候变化情景下流域未来年平均气温均呈明显的"波动"上升趋势，其中 A2 和 A1B 情景下流域年平均气温增幅明显大于 B1 情景，而 A2 和 A1B 情景下流域年平均气温呈交替上升趋势。整体来看，随着温室气体和气溶胶排放浓度的增加，年平均气温升温幅度逐渐增大。

黄河流域未来不同情景下年降水量年际变化从 2000 年开始，三种气候变化情景下流域年降水多模式集合模拟结果均有"波动"上升趋势，尤其是在 2040 年以后，流域年降水量有一个明显的增加过程；但与不同情景下年平均气温变化比较，年降水变化波动相对较大，变化较为复杂。

流域未来年、季节气温均呈明显增加趋势，但不同情景气温增幅有所不同；A2、A1B 和 B1 情景下未来流域年平均气温分别增加了 1.255℃、1.263℃和 1.038℃。从气温季节变化上看，不同情景下冬季温度增幅较为明显，与基准时段比较，三种情景下未来流域冬季平均温度分别增加了 1.359℃、1.457℃、1.134℃。

流域未来年、季降水量均有增加趋势，但不同情景下降水量增幅有所不同；除冬季降水量增幅在 25% 左右外，年、春、夏和秋季降水量增加幅度并不明显，一般在 5% 以内；与基准时段气候比较，A2、A1B 和 B1 三种情景下未来流域年平均降水量分别增加了 2.09%、2.65% 和 4.28%，增加幅度并不明显。从降水季节变化上看，不同情景下冬季降水量增幅较为明显，三种情景下未来流域冬季平均降水量分别增加 25.69%、23.56%、23.51%。

### (3) 气候变化对黄河流域重大水利水电工程可能影响

水循环影响：随着温度持续上升，黄河上游 21 世纪水循环的演变趋势将是蒸发量增加、径流量进一步减少。由于气温升高，海洋和陆地蒸发量增加，大气中的水汽含量增加，全球降水量总体上呈增加趋势，黄河上游降水量增加的概率随气温的升高而加大，但增加的幅度是有限的；加之随气温上升而增加的蒸发量，不仅能够抵消降水量的增加，还将在一定程度上造成水资源量的减少。因此，未来黄河上游水资源形势依然不容乐观，我国西部地区及华北地区仍然是干旱、半干旱地区，必须通过其他途径解决我国西北和华北的水资源问题，包括合理地分配与利用水资源，采用各种类型的节水技术，提高当地人民群众的节水意识，实施南水北调工程等。

水库调度影响：气候变化使黄河流域降水趋于集中，极端气候事件发生的概率增加，也加大了防汛难度。水库在少雨季节普遍缺水，而在汛期降水集中期出于防汛安全又不得不大量弃水，造成水资源的流失，影响水库的供水保证率和水库的运行能力，水库经济效益和为下游工农业生产、生态环境提供用水的社会效益下降。因此，在水库的运行调度中，要充分考虑生态环境用水的要求，保障水资源的可持续利用，实现水资源的优化配置。

防洪影响：未来 30~50 年黄河内蒙古段年均气温仍以变暖为主，尤其是冬季、春季增温幅度更大。冬季气温的增加会导致黄河凌汛期开河日的提前，封河日期将逐年延后，气温冷暖异常波动，极易形成较大的凌峰，增加黄河上游水利水电工程防洪的风险。同时，由于气候变化导致未来黄河下游径流量减少，下游水沙条件发生较大变化，主河槽面临泥沙严重淤积的问题，"二级悬河"险象加剧。黄河下游防洪形势依旧严峻。

## 4.5　气候变化对电网安全的影响

### 4.5.1　气候变化对电网安全的影响

电力系统网络是迄今世界上最大的人造工程之一。经过多年的建设，我国的电网目前已发展成为世界上电压等级最高、输送容量最大的电网。为了有效地实现电能的变换、传输和分配，电网系统不仅需要大量的一次电力设备，还同时拥有大量的用于控制、保护和调度的二次设备和系统。气候变化可以通过以下两个层面对电网安全造成影响。①气候变化引起的各种灾害直接干扰、损坏电网基础设施及其重要辅助设备，造成电网部分功能或全部功能的丧失。例如，持续高温引起电网供电不足、电能质量降低以及电网极限运行带来的设备故障增加；雷击损坏线路绝缘子，引起线路跳闸；大雾导致雾闪，引起线路跳闸；太阳风暴引发的磁暴干扰电气设备正常工作甚至损坏设备；沙尘暴引发污闪，损坏输电走廊的电力设备；覆冰造成绝缘子串冰闪、倒塔；台风造成电网基础设施损坏；山火导致线路跳闸，引发停电事故；洪涝造成变电站、输电线路和电厂等设备严重损坏。且某些设备自身损坏或大面积损坏可能带来电网大面积停电事故，如覆冰、台风等。②气候变化引起电源和用电负荷的变化，加大了对整个电网系统的扰动，从而对电网运行的稳定性和安全性造成影响。例如，持续高温天气会造成用电负荷急剧增加，如电网已处于临界状态，极易因某个局部事故引发连锁故障，造成电网大面积停电。

具体来讲，各灾害对电网安全影响表现如下：

### （1）持续高温

气温是影响电力需求的最显著变量之一。首先，持续高温会造成电网用电负荷增加、电能供应不足，并因此出现电网局部错峰限电甚至拉闸限电的情况；其次，持续高温下导线温度过高会降低输电线路载流量，从而制约了电网的输送容量；最后，由持续高温导致的电力设备持续极限运行还会显著增加电力设备的故障率，例如持续高温导致的导线弧垂降低会引发导线对地放电。综上所述，温度对电网安全的影响主要体现在持续高温对负荷的影响以及由负荷激增带来的设备故障和供电可靠性问题。

### （2）雷电

雷电对电力系统的影响主要表现在雷击引起的过电压会损坏绝缘或设备。对于输电线路，雷电的反击和绕击会造成线路跳闸；对于变电站/换流站，若雷电直击站内母线或其他设备则会引起设备故障甚至系统断电；此外，雷击变电站附近的输电线路产生的过电压会沿线路侵入站内，严重时也会损坏站内设备，甚至造成大面积的停电事故。

### （3）大雾

雾对电网的影响主要表现在由雾引发的雾闪会造成线路跳闸，从而对电网电网安全造成影响。大雾中由于空气湿度大，且含有较多的污染物质，很容易在输变电设备的表层结露，这将大大降低绝缘的性能和安全系数，严重时会引起雾闪并造成输电线路跳闸。由于雾闪往往同时在多条线路发生且可能连续多次发生，另外一旦跳闸后难以通过自动重合闸恢复供电，因此雾闪一旦发生会给电网安全运行造成严重的危害。

### （4）太阳风暴

太阳风暴会对电力系统的安全运行带来不利的影响，且电网的规模越大越容易受到太阳风暴的攻击。太阳风暴对地基技术系统影响的根源在于太阳风暴的地面效应，即地球磁场的剧烈变化，或称为磁暴。太阳风暴引发的地磁暴可以产生 1～10V/km 甚至更高的东西方向电场变化的地磁感应电动势，会在输电线路、中性点接地变压器和大地回路中产生相应的地磁感应电流（GIC），从而导致变压器直流偏磁，造成变压器、静止无功补偿器、并联电抗器等电力设备损坏，甚至引发电网失稳。

### （5）沙尘暴

沙尘暴对电网安全的影响表现在电气与机械两个方面。对电气方面的影响主要体现在风沙引起的空气介质电场变化和沙尘会降低电力设备的外绝缘水平；机械方面，若强沙尘暴的风力超过输电线路杆塔的机械承受能力，则将出现倒塔、倒线及通信光缆断裂等严重危及电网安全的事故。

### （6）覆冰

覆冰对电网安全的影响非常大。总的来说，覆冰对电网的危害分为机械性能的危害和电气性能的危害，可能导致以下的一系列后果。①引起线路过荷载，严重时可能会使导线外层断裂、钢芯抽出，甚至导致杆塔折断、倒塔。②引发绝缘子串冰闪，造成线路跳闸。③输电导线覆冰后在风力作用下会发生低频（通常 $0.1 \sim 3 \, \mathrm{Hz}$）、大幅度（振幅为导线直径的 $5 \sim 300$ 倍）的振动或者舞动，导线舞动时将破坏杆塔、金具、导线及部件等电力设备，从而造成频繁跳闸甚至停电事故。

### （7）台风

台风灾害主要影响电网的线路设施，受损的部件主要集中于杆塔、线路、地线、绝缘子等裸露在外部自然环境的设备上。当台风风力超过线路或杆塔的设计标准时，可能引发断线、倒塔等事故。同时，台风往往伴随着暴雨，这将影响杆塔的基础，可能进一步引发倒塔断线事故，并给故障恢复和抢修带来困难。

### （8）山火

在全球气候变暖等气候异常因素的影响下，温度高、湿度小、持续干旱、风速大的高火险天气将会越来越频繁的出现。当输电线路周围区域发生山火时，山火容易蔓延到线路附近引起线路跳闸，且重合闸不易成功，最终导致区域停电事故。线路因山火而跳闸的原因主要有以下三个方面：①导线对地面（包含树木、建筑物等）放电；②导线对杆塔突出的部位（如塔材、脚钉等）放电；③合成绝缘子在高温下扭曲变形或粘上污秽，绝缘性能下降。

### （9）洪涝

洪水和雨涝对电力系统的危害主要表现在三个方面：①洪水和雨涝冲刷杆塔基础或引发次生地质灾害，造成线路杆塔倾倒；②暴雨侵害变电站电气设备绝缘，致使设备运行异常或故障；③暴雨引起的城市内涝造成地下（或低洼地带）的配电网开关站、配电室、电缆环网柜等被水淹没，从而导致用户长时间停电。

## 4.5.2　气候变化对特高压工程安全的影响

我国能源资源与电力负荷分布的不均衡决定了特高压输电工程是我国电网发展的重要方向之一。与低电压等级输电线路工程相比，特高压输电工程具有输电电压高、送电容量大等突出优点，可大大提升我国电网的输送能力。但是，特高压电网在大规模发展的同时也会因其自身的特点而受到诸多不利因素的影响。例如，特高压工程普遍跨度大、输送距离远，因而不可避免地跨越了众多地形和气候复杂区域，很多工作区域环境恶劣，受气象因素影响较大。此外，与相对较低电压等级的输电线路相比，特高压线路分裂数多、导线截面大、导线的点更高、档距更大，这些特点使其更容易受各种气候条件的影响。

气候变化对常规电网与特高压电网的影响机理是类似的。但是，特高压电网的跨度更大，因而更容易受到各种气象灾害的影响。更严重的是，特高压电网一般都是跨区域的主干网，一旦受到气象灾害的影响其损失将极其巨大，甚至会影响到整个互联电网的安全稳定性。具体而言，影响我国特高压工程安全的主要气象灾害有雷电、山火、覆冰等。

### （1）雷电

目前，我国已建成的特高压交直流输电工程以及正在建设的特高压交直流输电工程走廊大多途经山脉起伏、地形复杂和雷电活动频繁的区域。由于特高压交直流输电线路的杆塔较高，因而其引雷面积较大，在这些区域更容易遭受雷电绕击。雷击一旦发生，可能会引起特高压直流输电线路的通信故障和控制保护误动作，造成较为严重的停电事故（如双极闭锁）。

### （2）山火

特高压架空输电线路大部分位于崇山峻岭之中，在输电线路走廊上极易出现山火，严重时将会造成输电线路跳闸，若重合闸失败甚至会导致电网大区域面积的停电。2010 年 5 月 2 日，1000kV 特高压示范工程长南 I 线的 31 到 33 号线路部分因山火导致线路对地放电，引起了长南 I 线 C 相故障跳闸。

### （3）覆冰

特高压工程中有一部分线路需穿越重冰区，如 ±800kV 楚穗特高压直流输电工程和云南普洱至广东江门 ±800kV 直流输电工程。在重冰区一旦发生覆冰灾害，极易引起跳闸、断线、导线舞动、倒杆、绝缘子闪络和通信中断等事故，将严重影响特高压输电工程的安全可靠性。

## 4.6　气候变化对生态工程的影响

生态环境是人类生存和发展的基本条件，是经济、社会发展的基础。改革开放以来，国家先后实施三北防护林、长江中上游防护林、沿海防护林等一系列林业生态工程，开展黄河、长江等七大流域水土流失综合治理，加大荒漠化治理力度，推广旱作节水农业技术，加强草原和生态农业建设，使我国的生态环境建设进入了新的发展阶段。其中，三北防护林建设工程按计划从 1978 年开始到 2050 年结束，分三个阶段，八期工程，建设期限 73 年。第一阶段（1978~2000 年）的三期工程建设（一期 1978~1985 年、二期 1986~1995 年、三期 1996~2000 年）已超额完成；截至 2010 年已建成一批比较完备的区域性防护林体系，北方地区森林资源和面积增加，生态环境明显得到改善，水土流失初步得到控制，对改善气候环境发挥了积极作用。草原生态保护工程始于 2000 年，2000~2005 年主要实施草原生态保护工程试点项目；在试点项目取得显著成效的基础上，2006 年至今国家逐年加大草原生态保护建设的投入，实施退牧还草工程等九大工程，涉及 1100 多个县（市、旗、团场及其县域内的农牧场、军事管理区）。至今草原生态环境加剧恶化的势头初步得到了遏制。

我国是世界上山洪及滑坡、泥石流等地质灾害最严重的国家之一，分布范围占国土面积的 44.8%，以西南、西北地区最为严重，平均每年造成 1000 多人死亡，经济损失巨大。地质灾害对人类和社会经济的影响仅次于地震，成为第二大自然灾害，地质灾害的频繁发生对南水北调、西气东输等民生工程的实施和安全运行也造成严重威胁。监测预报及防治地质灾害，建设地质灾害防御工程，亦是保护和改善生态环境的重要举措。20 世纪 80 年代后期，我国陆续开始了地质灾害的普查、评价、监测预报和治理工作，并在地质灾害防治示范工程、气象预报预警工程方面取得了初步成效。

## 4.6.1 气候变化对三北防护林工程的影响

"三北防护林"是西北地区、华北地区、东北地区防护林系统的总称，它西起新疆，经由内蒙古等地，东至黑龙江，绵延万里，蔚为壮观，是新中国成立60年来所实施的最大一项"绿色工程"，涵盖500多个县，占国土面积42.4%。三北防护林建设覆盖区的原始自然植被以森林草原、草原和荒漠草原居多，我国八大沙漠、四大沙地，95%的沙区面积分布在三北地区。干旱、半干旱和半湿润气候特征下的天然生态系统和半天然半人工的生态系统（如农牧业）都十分脆弱，干旱、风沙危害和水土流失等荒漠化表现异常突出。

1978 ~ 2013年，我国三北地区年平均气温呈显著上升趋势，增温达到了1.1℃，降水量无显著变化。但2000年以来我国降水格局正在发生变化，北方降水量增加明显，东北、华北、西北三个区域植被生长季降水量每10年分别增加116mm、93mm、41mm，陆地植被净初级生产力（NPP）每10年分别增加$127.2g/m^2$、$183g/m^2$、$44.6g/m^2$，陆地植被生态质量好转的面积分别达到72%、91%、74%，促进了三北地区生态保护工程的顺利实施，三北防护林地区植被生态质量持续好转；到2013年我国雨带北抬到东北地区，北方地区降水再次比常年同期偏多，气象条件继续利于植被生产力提升，陆地植被长势良好，北方陆地生态质量正常偏好面积达近14年来最高。总结三北防护林工程过去能取得成效有两大主要原因：一是逐步限制了人对自然环境的无序开发及对生态环境的破坏，植树造林使得地表植被得以逐步恢复；二是北方自2000年以来呈暖湿化的气候特征，利于三北地区植树造林的开展及林草的成活。

但是由于在三北防护林建设工程中未考虑气候变化的影响，忽视气候生态适应性，频繁发生的高温干旱及病虫鼠害导致部分地区三北防护林退化、老化问题严重，部分草场退化和林木生长缓慢甚至死亡，使生态防护功能降低，难以形成可自然更替的生态系统。其中，温度升高导致森林病虫害的发生数量、强度、频率明显增加；$CO_2$ 的施肥作用及其与气温升高的协同效应，在促进林木新陈代谢的同时，也加速树木的成熟和衰老，因而三北防护林区的人工速生林的过早成熟、退化过程远远超出预期。此外，部分干旱地区所植林木出现衰退、死亡等问题与当地降水量的严重不足、不能满足林木的生长需要有很大的关系；防护林在建设之初选择杨树、柳树、榆树、槭树等高大乔木作为主栽树种，乔木根系发达，树冠占据的空间很大，所以需水量和耗水量都大，在降水量严重不足的情况下难以维系生存，更难以构造防护林体系。

根据政府间气候变化专门委员会（IPCC）气候变化情景预估，未来 30 ~ 60 年三北地区增温较为明显，到 2040 年有 1℃增温，到 2070 年增温超过 2℃；同时，三北地区降水量也表现为增加，西北、华北、东北降水量增加幅度相对较大，到 2040 年大部超过 2%，到 2070 年降水量增幅超过 6%。未来暖湿化气候对三北防护林工程有以下主要影响：①气候暖湿化、生长季的延长及 $CO_2$ 的持续增加会促进三北防护林地区植被生产力和碳汇的增加。②暖湿化气候会改变三北地区植被地理格局，植被类型会发生从东向西的演替，即荒漠草原面积会缩小，而典型草原和森林会西扩。③气候增暖会增加三北地区森林火灾及病虫害的发生范围。④暖湿化气候会促使三北防护林地区植被向高级植被类型更替，森林和草地退化状况将减缓或停止，进而会减轻三北防护林植被对气候变化的敏感性。⑤暖湿化的气候会促进三北防护林地区植被生长，强化三北防护林的生态效应和气候效应，如减少沙尘过程和增多局地降水，从而在三北防护林地区形成气候和生态环境的正反馈效应。

## 4.6.2 气候变化对草原生态保护建设工程的影响

草原是一个典型的"靠天长草、靠天养畜、靠天保护"的陆地生态系统，短期的天气气候、长期的气候变化均对草原生态环境和畜牧业生产影响很大。我国草原面积位居世界第二，为我国面积最大的陆地生态系统，在国家生态安全、食物安全、战略资源、边疆稳定以及民族发展中均占有重要的地位。但是，20 世纪下半叶，我国草原在气候暖干化和人类不合理活动的双重影响下，90% 的可利用天然草原出现了不同程度的恶化。为了遏止草原恶化，2000 年以来国家在主要草原陆续实施了退牧还草、风沙治理、生态移民及生态补偿等保护工程和措施。

1961～2013 年，青藏高原、西北、内蒙古等草原区 ≥0℃ 积温平均每 10 年增加 10～100℃·d，其中青海西北部、新疆北部、内蒙古西部、西藏南部等地的部分地区增长速率为 100～180℃·d，增温明显；从年平均气温的变化趋势来看，我国西部大部分草原平均每 10 年增加 0.2～0.4℃，增加幅度较小，内蒙古等北方大部分草原增温较快，平均每 10 年升高 0.4～0.8℃；分区来看，华北、东北和西北地区增温速率依次为每 10 年分别增加 0.32℃、0.30℃ 和 0.29℃。1961 年以来，我国西部大部分草原降水呈增加趋势，其中新疆北部、西藏中东部草原年降水量平均每 10 年增加 10～63mm，增加幅度最大；新疆南部、内蒙古西部、甘肃中西部、青海大部、西藏西部大部草原每 10 年平均增加 1～10mm，增幅较小；但内蒙古中东部和南部、西北地区东部 1961 年以来年降水量平均每 10 年减少 1～10mm，部分草原减少 10～30mm，2001 年以来随着我国雨带的北抬，北方大部草原降水增多，但减少趋势目前还没扭转。

1961 年以来，我国西部大部分草原区湿润度增加，气候呈暖湿化趋势，利于促进草原生态保护工程的实施。以青藏高原为例，其草原植被生产力和覆盖度呈增加趋势，其中青海东部和南部、西藏东部鲜草产量平均每年增加 100～500kg/hm$^2$，青海西北部和西藏中西部平均每年增加 1～100kg/hm$^2$，三江源自然保护区黑土滩治理区植被覆盖度由 30% 提高到 70% 以上，产草量提高 6 倍以上，草原生态环境质量明显好转。

但 1961 年以来内蒙古等北方草原区暖干化趋势明显，草原经常出现大范围干旱，造成植被不能正常生长，牧草产量下降的同时，草原可承载的牲畜能力也呈降低趋势，下降的幅度平均为每 10 年 0.1 ~ 1 只标准羊单位/hm²，部分地区每 10 年减少 1 ~ 10 只标准羊单位/hm²。气候暖干化造成草原植被稀疏、生态恶化，害鼠密度增加、危害面积扩大、危害程度呈严重趋势；反过来，鼠害爆发频繁或程度加重，又加剧了草原的退化与沙化。此外，北方草原区气候暖干化影响草原植被群落结构和载畜能力，优势牧草减少，毒杂草、一年生牧草增加，北方草原牧草产量的下降导致气候暖干化。

根据 IPCC 气候变化情景预估，未来 30 ~ 60 年我国大部分草原地区气候将呈暖湿化趋势，草原生态恢复将面临难得的有利气候变化形势，将更利于草原生态保护工程的实施，进一步提高生态保护的效果，扭转生态恶化的态势，缩短生态恢复的时间。其中：①青藏高原、新疆等我国西部草原持续暖湿化，将使生态环境继续好转；②北方大部草原区由暖干向暖湿化转变，利于遏制草原恶化的态势。但是气候增暖会增加草原火灾及病虫害的发生范围和频率，需要加以重视。

## 4.6.3 气候变化对地质灾害防御工程的影响

地质灾害是指在自然或者人为因素的作用下形成的，对人类生命财产、环境造成破坏和损失的地质作用（现象）。如崩塌、滑坡、泥石流、地裂缝、地面沉降、地面塌陷、土地冻融等。根据中国地质环境监测院发布的全国地质灾害通报 2004 ~ 2009 年资料统计，滑坡、崩塌、泥石流等地质灾害所占的比例高达 95%，分布范围占国土面积的 44.8%，其中又以西南、西北地区最为严重，平均每年造成 1000 多人死亡，经济损失巨大，对人类和社会经济的影响仅次于地震。

"地质灾害气象预警预报体系建设工程"是我国目前最为有效的地质灾害预防工程之一，国土资源部和中国气象局自 2003 年联合开展地质灾害气象预警预报工作以来，全国共成功预报地质灾害 6210 起，避免 35 万人伤亡，减免经济损失近千亿元。以"长江三峡库区地质灾害监测预报示范区建设"为代表的地质灾害监测预报及防治示范区建设工程迄今已有5年多的时间，监测以点面结合、综合立体监测为主，成功预警滑坡险情74处，为地方政府及时采取有效的防灾减灾措施提供了依据，取得了显著的防灾减灾效果。"全国地质灾害治理工程"则重点在人口密集、建设集中和对国家建设有重大影响的城市、矿山、工程、交通干线、大江大河等地区和地质灾害多发区开展地质灾害治理。"汶川地震灾区地质灾害防治工程"也为灾区重建做出了重大贡献。

绝大部分地质灾害都是由降水诱发的，突发暴雨、连续性降水等都可能在地质灾害易发区内引发地质灾害；前期干旱后期转涝的情况下容易引发大型地质灾害；冰雪快速融化也会引发地质灾害；缓慢的冻土融化过程也是引发滑坡的驱动机制。随着全球气候的变暖，极端天气事件频繁出现，再加上重大工程开工建设及人口增多等人类活动的影响，滑坡等地质灾害日益增加，呈现出频发性、广泛性、破坏性的严峻态势，并在不断刷新历史记录，我国滑坡、泥石流灾害多发区正在遭受前所未有的严重威胁。

未来气候变化造成我国降水和气温时空分布异常，体现在暴雨事件的增多、局部干旱程度加重、冻土融化面积增大、冰川消融面积扩大。这些过程都直接导致地质灾害频次增加和规模增大、大型泥石流事件增多、冻融侵蚀导致的蠕移性滑坡事件增多、山体冻融性滑坡频率增大、冰湖溃决性泥石流事件增多。以上未来气候变化给地质灾害带来的影响，将对我国正在和将要实施的各项建设工程造成深远影响。滑坡和泥石流类地质灾害频次和规模的增加，将对我国小流域水土保持工程带来重大制约，会缩短这些工程的使用年限；我国目前快速发展的小城镇建设，会受到地质灾害易发程度上升而带来更大的地质灾害风险，城镇周边的地质灾害事件发生频次会增大、灾害损失会进一步加剧；未来地质灾害易发程度的增加，还会给铁路、公路等交通建设工程带来严重影响，例如，气候变化带来的冻土融化型地质灾害，会给青藏地区的铁路和公路带来严重损害，路基下沉和侧移会导致道路通行受阻、维护成本升高、灾害事件风险加剧。

未来气候变化背景下，北方地区降雨增多将使得地质灾害发生的数量和规模均呈上升趋势，东部地区台风活动的加强会使得台风暴雨型地质灾害的规模加强，而南方地区的干旱和洪涝急转也会引发大型地质灾害。

# 4.7 气候变化对沿海城市及工程安全的影响

我国是个海洋大国，也是海岸线最长的国家之一，海域面积约 470 万 $km^2$，属我国管辖的约 300 万 $km^2$；大陆岸线全长 18 000 多公里，岛屿岸线 14 000 多公里（共 6000 多个海岛）。我国沿海地区是人口密集、经济发达的重要地区，涉及 9 省 2 直辖市市 2 个特别行政区（台湾未计入），下属 52 个沿海城市（香港特别行政区、澳门特别行政区未计入），200 余个沿海区县。沿海地区土地面积占全国的 13.6%，人口占全国的 43.8%，GDP 占全国的 60.1%。沿海地区布局了大量的重大工程：我国的核电站已运营 8 个，在建 14 个，全部位于沿海地区，另有 5 个沿海核电站在筹建中；形成了环渤海、长江三角洲、东南沿海、珠江三角洲和西南沿海五大规模化港口群，是运输关系国计民生的煤炭、石油、铁矿石和集装箱等大宗货物的枢纽。我国"面朝大海"的发展战略与格局趋于明显，并呈现出"区域发展沿海化"和"沿海城市临海化"的趋势。但是，在全球气候变化的大背景下，全球变暖与海平面上升，可能破坏海岸带生态系统，威胁沿海设施安全，对我国沿海城市及工程造成明显的影响。

全球气候变化最直接的影响是海平面上升。IPCC 第五次评估第一工作组的最新报告（IPCC，2013）对全球海平面的历史数据进行了系统的回顾。报告表明，从 1880 年以来海平面基本上呈上升趋势，并且近年来上升的速度在加快。1901 ~ 2010 年，全球平均海平面上升了 0.19m（0.17 ~ 0.21m），平均每年上升 1.7mm（1.5 ~ 1.9mm）。根据卫星数据观测，1993 ~ 2012 年间平均速度则达到每年 3.2mm。据国家海洋局《2013 年中国海平面公报》，1980 ~ 2013 年，我国沿海海平面总体呈波动上升趋势，平均上升速率为

2.9mm/a。2012 年海平面为 1980 年以来最高位。2013 年，我国沿海海平面为 1980 年以来的第二高位，较 1975～1993 年的平均值偏高 95mm，较 2012 年偏低 27mm。

气候变化还会引发或加剧如下海洋灾害：①风暴潮。全球变暖将导致风暴潮、浪潮等海洋灾害的强度和频度逐步提高。与海平面上升的影响相叠加，将极大增加风暴潮灾害的破坏性。②海岸侵蚀。随着海平面上升，海水向陆地入侵导致岸线后退、沿海平原低地的淹没和沼泽化，使近岸波浪作用增强。加之风暴潮强度和频度的增加，海岸侵蚀将会加剧。③咸潮入侵。气候变化引起的降水异常、生产生活用水量的迅速增长，以及跨流域调水会使入海径流减少，降低抵御咸潮入侵的能力。海平面上升将使河口盐水楔上溯，加剧咸潮入侵，增加河口地区供水困难，对城市供水安全产生威胁。④海水入侵。沿海地区由于过量开采地下水，地下水位不断下降，低于海平面，使海水入渗至地下水。海平面上升会加重海水入侵和地下水盐渍化，影响人畜饮用水和生产用水，造成良田荒芜。

## 4.7.1 气候变化对沿海地区淹没影响

IPCC 第五次综合报告预估，以 1986～2005 年为标准，2081～2100 年的全球平均海平面很有可能上升 26～82cm。我国科学家预估，未来我国沿海海平面上升值的区域差异很大，相对于 1990 年，2050 年将上升 7～61 cm，上升幅度最大的为长江三角洲和珠江三角洲，未来 100 年最大值可能达到 100 cm。

中国沿海地区的三大主要脆弱区，即珠江三角洲地区、长江三角洲及江苏和浙北沿岸地区、黄河三角洲及渤海湾和莱州湾地区，将承受着海平面上升的严重威胁。海堤虽然能对沿海低地进行一定程度的保护，但仍无法适应未来海平面上升所带来的威胁。到 2050 年，在我国平均海平面上升 35cm、65cm、100cm 的情景下，当百年一遇高潮位时，三大脆弱区的淹没损失分别为 5.3 万亿元、17.3 万亿元、30.8 万亿元。在 2050 年海平面上升 100cm 的情景下，三大脆弱区的淹没损失相当于 2010 年全国国内生产总值（GDP）40.15 万亿元的四分之三。

如果在预估的情景中考虑到我国不同区域海平面上升的差异性，则当出现百年一遇的潮位时，中国沿海 2050 年的可能淹没面积是 9.83 万 km²，约占国土总面积的 1.02%，约占沿海地区面积的 7.5%；2080 年可能淹没面积 10.49 万 km²，约占国土总面积的 1.09%，约占沿海地区面积的 8.0%。其中三大主要脆弱区，2050 年的可能淹没面积 8.45 万 km²，占中国沿海总淹没面积的 86.0%，2080 年的可能淹没面积 9.02 万 km²，占中国沿海总淹没面积的 85.9%。三大主要脆弱区 2050 年的淹没损失为 30.9 万亿元（2010年价），2080 年的淹没损失为 68.6 万亿元（2010 年价），分别相当于 2010年全国 GDP 的 3/4 和 1.7 倍。

随着沿海地区入海发展态势的继续，围海造田面积会不断增加，则可能淹没的国土面积将更大。由于沿海城市发展的临海化，经济重心将进一步向临海区域倾斜，可能遭受的灾害和损失将更为巨大。围填海土地的地面相对松软，易发生地面沉降；大规模填海区也往往受经济成本所限，一再降低地面高程，增加了遭受灾害的风险。限于人类对自然的认知水平以及工程措施的局限性，再坚固的海堤在遭遇极端海洋灾害事件时也未必是万无一失，一旦海堤失守，后果将不堪设想。

## 4.7.2 对海岸工程标准的影响

我国沿海地区，多数堤防标准偏低，能抵御百年一遇风暴潮灾害的海堤较少，一些港口码头的标高已不适应海平面相对上升产生的新情况。工程设计的最高潮位，100 年一遇与 50 年一遇一般相差 20cm 左右，如果海平面上升 20~30cm，将会造成灾害性的影响，原来按 100 年一遇洪水设计的海堤，甚至只有 20 年一遇。如果海平面上升 50 cm，千年一遇挡潮标准有可能下降到 200 年一遇标准。由于相对海平面上升，至 2050 年，渤海西岸和珠江三角洲 50 年一遇的风暴潮位将分别缩短为 20 年和 5 年一遇，长江三角洲百年一遇的高潮位将缩短为 10 年一遇。到 2030 年，广东雷州湾、珠江口、韩江口的严重潮灾重复出现的周期将比现在缩短 50% ~ 60%。

## 4.7.3 对沿海城市排水的影响

沿海城市由于地势和海潮的影响，特别容易遭受城市内涝的袭扰。在全球气候变化的背景下，城市降雨发生改变，尤其是可能导致的短历时强降雨的增加，与沿海风暴潮频率与强度的增加相叠加，将导致城市内涝灾害的发生更加频繁，强度更大。此外，当海平面上升之后，高潮潮位增高，由于下游水位顶托，沿海城市管网和泵站的排水能力将会被削弱，原有设计标准将降低，城市排水的难度将进一步加大。尤其当强降雨、强风暴潮和高潮位顶托三种因素同时叠加时，将会急剧地加大城市排水的压力，造成排水不畅，甚至是海水、河水倒灌，从而加剧城市内涝。

中国大部分入海河口（长江、珠江等大河除外）均兴建了大量涵闸工程，这些工程一般都具有挡潮、排涝与蓄淡灌溉等综合功效。海平面上升，闸下潮位抬高，潮流顶托作用加强，将导致涵闸自然排水历时缩短、排水能力下降。我国很多沿海地区的城市雨水排除都是依靠泵排，海平面升高和城市降雨的增加，将使得泵的扬程需要增加，泵的设计流量也需要增大，会给社会经济发展带来一定的压力。

如果未来海平面上升 50cm，上海市区的排水能力将被削弱 20%，对上海市构成较大的威胁；珠江三角洲的机电排水装机容量将至少需增加 15% ~ 20%，才能保证现有低洼地排涝标准不降低；苏北滨海平原四个主要排水闸的一潮排水历时将平均缩短 15% ~ 19%，一潮排水总量平均下降 20% ~ 30%。

## 4.7.4　对沿海核电站的影响

核电站需要使用大量水冷却反应堆，同时需要稳定的电力供应，驱动冷却水。因此，我国目前的三大核电基地，江苏、浙江和广东的核电站都位于沿海地区。独特的地理位置和极高的运行安全要求，使得核电站在面对气候变化时变得比较脆弱。

海平面上升对沿海核电工程的设计、防护以及安全运行都将产生重要的影响。海平面上升将使得我国沿海核电工程设计水位需要明显提高。总体而言，海平面上升对我国沿海核电工程的影响是不均匀的。呈现出南大北小的趋势。浙江、福建和海南沿岸较为显著，工程设计标准将需要提高 15～25cm；黄海、渤海沿岸将需要提高 10～18cm。气候变化引起的降雨强度的改变，加上风暴潮和海平面上升的耦合，将会使我国沿海核电站与降雨和水位有关的排水、防洪等设计标准出现降低的问题。

随着气温上升，登陆我国的台风和强台风都有显著增多增强，有可能会引发核电站通信中断、报警设备损坏、厂外电力供应中断等问题。受区域性气温升高和核电工程温排水共同影响，将导致与水环境升温有关的生态灾难增加，从而对核电站附近的生态环境安全造成显著影响。此外，根据卡诺循环原理，随着气温和海水温度的升高，进入反应堆的冷却水温度升高，核电站的发电效率将会降低。

## 4.7.5　对沿海港口的影响

我国沿海的长江三角洲港口群、珠江三角洲港口群和环渤海地区港口群都位于主要的海平面上升影响的脆弱区内，因此上述港口群势必受到海平面上升的影响。由于高程设计标准未考虑气候变化因素，海平面上升将影响某些港口的适航性。很多港口都处于极高的洪水风险区，这些港口往往都是在当地经济中占有重要分量的。随着气候变化，这些港口暴露于洪水中的风险将会进一步加剧。

研究表明，海平面上升 30cm，燕尾港、新洋港、大洋港百年一遇的风暴潮位将变为不到 50 年一遇；海平面上升 53cm，小洋口百年一遇的风暴潮位也将变为 50 年一遇。海平面升高抬升了风暴增水的基础水位，高潮位相应提高，风暴潮致灾程度加大。这些影响将破坏港口码头建筑物、防波堤、码头仓库、船舶和货物以及桥梁和港口集疏运通道等设施。

海平面上升破坏海岸区侵蚀堆积的动态平衡，改变海岸附近沙堆的分布，或导致泥沙的堆积逐渐占优，引起航道淤塞，使海港水深降低，妨碍其功能的正常发挥，甚至使其报废。此外，气候变化引起的强风、强降水、高温、雷电等极端事件增加，也将对港口的正常运营产生较大的负面影响。

# 4.8　气候变化对能源工程安全的影响

## 4.8.1　管道工程

随着我国石油、天然气生产和消费速度的增长，我国的长输管道运输在过去的 30 年中得到迅猛发展，出现了一批以西气东输为代表的重点管道工程。截至 2013 年年底，我国已建成各类长输管道超过 10 万 km，其中天然气管道 6.3 万 km，未来还将建设更多管道以满足国民经济需要。管道工程因其埋地敷设的特点，相对于其他重点工程项目是安全的，受大气、气象等变化的影响小，且在设计上对自然灾害有一定的抵抗能力，但由于管道工程所经地域面积大，气候变化引起的各种影响也对其产生不同的后果。

### （1） 气候变化对管道工程的直接影响

全球变暖的影响，体现在以下的两个方面：一方面，大气温度上升后将对管道工程的运行效率产生直接影响；另一方面，全球温度变化后产生的各种次生灾害影响管道安全。

全球温度升高后，环境温度升高将导致天然气介质黏度增加、天然气压缩机出气温度增加，对燃驱压缩机组、空冷器等设备的运行效率和能耗等会造成一定影响。燃气轮机的运行效率随环境温度升高而降低，相应的单位能耗随环境温度升高而增大。另外环境温度升高会降低燃气轮机的输出功率。在 ISO（环境温度 15℃，海拔高度 0m）状态下，环境温度每升高 1℃，燃气轮机的输出功率降低约 1%，一定程度上降低了管道系统最大输气能力。总的来看，气候变化对管道工程有一定的直接影响，主要体现在成本略有增加，但相对整个工程项目来说直接影响较小。

### （2） 全球温度变化后产生的各种次生灾害影响管道安全

气候变化产生的各种严重的自然灾害和诱发的地质灾害，影响管道工程的运行和维护。虽然管道工程在设计的时候已经考虑到自然灾害的影响，但气候变化提高了风险出现的概率。对管道影响较大的暴雨、雷电、台风、干旱、昼夜高温、热浪等这些严重自然灾害在近几年异常频繁，这些都与全球温度升高的大背景有关。

气候变暖主要对斜坡地质灾害（崩塌、滑坡、泥石流），土地退化地质灾害（沙质荒漠化、沙尘暴）等灾害的影响较大。管道工程由于经过的区域较长，很多路段敷设在山区、荒漠、沙漠等地段，受地质灾害影响较大，危害比较大的主要是崩塌、滑坡、泥石流、地面塌陷、地裂缝和地面沉降这六大地质灾害。

## 4.8.2　风能工程

作为可再生能源之一的风能资源由于其安全、清洁、丰富的特性在全世界得到广泛应用和快速发展。中国的风能储量大、分布面广，近年来发展迅速。截至 2013 年年底，全国风电装机容量已达到 91.4GW，居世界第一位；2013 年新增装机容量 16.1GW，也居世界第一位，占世界 45.4% 的份额。根据 2007 年制定的中国可再生能源中长期发展规划，在 2030 年或 2040 年前后，中国的风力发电装机容量可望超过 100 GW，成为继火电和水电之后的第三大发电能源，就目前发展形势来看，风电已经是中国第三大发电能源，风电装机容量规划有望在 2014 年提前完成。

### (1)　风资源的变化

近 47 年来全国年平均风速经历了明显的减弱趋势，减小速率大于每十年 0.1m/s，1969～2000 年中国年平均风速稳定下降了 28%，日平均风速大于 5m/s 的日数下降了 58%。

年平均风速变化趋势分布特征表现为，除了河套及其以南至云南广西一带以及西藏东部年平均风速无明显变化趋势外，全国其余地区年平均风速呈明显的减小趋势。中国年平均风速呈明显减小趋势（小于 $-0.12m/s/10a$）的地区刚好是多年平均风速较大（大于 2.2m/s）的区域；而年平均风速无明显趋势变化的与多年平均风速较小的区域对应。即中国年平均风速主要是在风速大的地区有明显的减小趋势。

### (2)　中国风能的可能变化

研究表明，A2、A1B 和 B1 三种情景下中国年平均风速均呈微弱的减小趋势。随着 B1、A1B 和 A2 情景温室气体排放量依次增加，中国年平均风速减小趋势依次显著，预估风速呈减小趋势的模式数依次增多，即风速呈减小趋势变化的可信度也依次增大。也就是说，21 世纪中国年平均风速呈微弱的减小趋势（−0.04 ~ −0.02m/s/100a），且随着温室气体排放量的增加，风速减小的幅度越大，预估风速呈减小趋势的模式数越多，该预估结论的可信度越高。全国和各区域 21 世纪冬季平均风速呈略减小趋势，夏季平均风速呈略增大趋势。各模式较为一致的模拟冬季风速减小趋势；尽管模式集成预估 21 世纪中国夏季平均风速呈增大趋势，但是还是有部分模式预估夏季风速呈略减小趋势。我国属于明显季风区，未来季风强弱变化直接影响到未来中国风速的变化。

### （3）气候变化对风能资源工程的影响

近 50 年来，一方面，在中国风能资源丰富区域，易对风力发电造成损失的大风日数显著减少了，给风电机组造成损害的风险降低了，有利于风力发电的日数增加了，从该角度来说，风速长期的变化对风电的开发利用十分有利；另一方面，这些地区由于近 50 年风速的变化，可利用风速小时数有所减小，使得该区域的风电场风电机组发电可能减少。在中国风能较好或一般区域，风速虽然没有明显的增加趋势，但是小型风机可利用轻风和微风日数有所增加了，风速的变化也有利于该地区潜在风电的开发利用，但就目前风速变化幅度来看，该区域风速变化对风能利用的影响还十分有限。

21 世纪，由于中国区域冬季风速略减小的可能较大，可利用风能也可能略减少，而夏季的可利用风能有可能增加。最大风速的变化可能影响风电场运行安全和生存安全。近 50 年来我国最大风速和大风日数均呈明显的减小趋势变化，该变化对风能开发十分有利。

在气候变化的大背景下，近 50 年来中国区域最低气温呈明显的上升趋势，日、季温差减小；未来中国区域气温还有可能继续上升。因此，在气候变化的背景下，最低气温和日、季温差的变化，对中国北方大部地区风电场提高风机出力、延长风电机组寿命、降低风电场运行风险是有利的。

近 50 年来中国区域最高气温呈明显的上升趋势；未来中国区域最高气

温还有可能继续上升。因此，在气候变化的背景下，最高气温的变化，对中国南方高温高湿地区风电场风机出力、延长风电机组寿命、降低风电场运行风险是不利的。

在气候变化的大背景下，近50年来中国区域沙尘暴呈明显的减小趋势；未来中国区域沙尘暴还有可能继续减少。因此，在气候变化的背景下，沙尘暴的变化，对中国北方沙尘较严重地区风电场风机出力、延长风电机组寿命、降低风电场运行成本、减少维修次数和时间是有利的。

## 4.8.3　光伏工程

光伏发电是根据光生伏特效应原理，利用太阳电池将太阳光能直接转化为电能。从机理上讲，光伏系统发电能力受太阳辐射、气温、风及雾霾天气等多种气候环境因素的影响。

气候变化对光伏发电的影响是通过具体的气候、环境因子的变化而发挥作用的，因此其影响也是多方面、多角度的。总体而言，气候变化对光伏发电的影响以负面影响为主，辅以一定的正面影响，同时也有较明显的区域性特点。从全国来看，太阳辐射下降、霾天增多、温度升高、风速下降均会对我国的光伏发电产生不利影响，而其中太阳辐射下降和霾天增多的不利影响最为显著。就区域来看，气候变化对我国东部地区（以分布式光伏为主）的不利影响最为明显，而对西部地区（以大型并网电站为主）的影响相对较小。

### (1) 太阳辐射变化对光伏发电的影响

基于 1961～2013 年数据，中国地表接收到的平均太阳年总辐射量趋于减少，减少速率为每10年11.3kW·h/m²，且阶段性特征明显，20世纪60～70年代，中国平均太阳年总辐射量总体处于偏多阶段，且年际变化较大；20世纪90年代以来，总辐射量处于偏少阶段，年际变化也较小。但不同地区存在较大差异，局地性特征明显。除青藏高原及塔里木盆地南缘有微弱的上升外，其余各区均呈下降趋势。我国东部大部分地区下降尤其明显，减幅介于 8% ~ 20% 之间。其中，华北平原下降最剧烈，47 年日照时数累计下降 20% 。西北中部、塔里木盆地及东疆、云南及四川盆地西部下降也较明显。东北北部、西北东部及北疆虽有下降，但不明显。

太阳辐射的下降必然导致光伏电站发电量的减少和减排潜力的下降。就全国平均而言，过去 50 年以来，太阳辐射变化会导致光伏发电量下降约 3% 。由于各地太阳辐射的长期变化在变化趋势和变化幅度上都具有不同的特点，因此其对光伏发电的影响也存在区域差异。不利影响主要出现在我国东部和南部地区，其中，以长江中下游和华南大部最为显著；而对我国西部大部分地区而言，太阳辐射的变化对光伏发电的影响并不明显，其中，青藏高原、南疆等地太阳辐射的变化甚至会向有利于光伏发电的方向发展。总体来看，太阳辐射的变化主要会对我国东部地区的光伏发电有较大的不利影响，其影响程度大大高于全国平均水平。近年来在我国东部多发的雾霾天气可能进一步加剧这种不利的变化趋势，尤其需要注意。

### （2）霾日数变化对光伏发电的影响

霾是气溶胶的一种表现形式，它通过对太阳辐射的吸收和散射，会减少到达地表的太阳辐射量，从而会对光伏发电产生不利影响。从霾的空间分布来看，基本出现在 100°E 以东地区，高发区主要集中于华北平原、长江中下游流域及其以南除海南岛以外的区域。基于 1961 ~ 2013 年的数据，中国 100°E 以东地区平均年霾日数呈显著的增加趋势，平均每 10 年增加 2.9 天，这对光伏发电的不利影响也非常显著。

如果霾天多发的态势持续，将会对光伏发电产生极为不利的影响。试验数据显示，霾可能造成的光伏日发电量的损失大致在 20% ~ 70% 之间，即轻度霾可能造成 20% 的日发电量损失，而重度霾则可能造成接近 70% 的日发电量损失。

### (3) 气温变化对光伏发电的影响

气温会影响电池板的基础温度，进而会对光伏系统的发电效率产生影响。从全国来看，气温的变化对光伏发电的整体影响是不利的。从区域来看，不同地区的影响有差异，其中，太阳能资源最丰富的青藏地区由于增温速率最大，这对光伏发电可能会产生较明显的不利影响。

### (4) 风速变化对光伏发电的影响

风速的变化会对光伏发电产生正、反两个方面的影响。1961～2013 年，中国平均风速呈显著减小趋势（《2013 年中国气候变化监测公报》），其对光伏光电可能产生的影响主要有以下几点：①平均风速、最大风速和大风日数的减小，可以降低光伏电站建设和运行面临的气象灾害风险，对光伏发电有利；②风速减小不利于光伏电池组件散热，对光伏光电不利，但由于风的散热作用对电池板的温度不起决定作用，这种不利影响也不会明显；③风速的下降不利于污染物的扩散，这可能会加剧空气污染，并间接对光伏发电造成不利影响。总的来说，风速变化对光伏发电的影响是有限的。

# 第5章　气候变化对重大工程的综合影响和对策

## 5.1　气候变化对冻土工程影响的应对措施及建议

青藏铁路建设考虑气候变化和人类活动等因素影响，研究未来大气升温对高原多年冻土的可能影响，根据冻土变化特点采取相应的防护措施，从而提高气候变化条件下工程的安全可靠性。

### 5.1.1　青藏铁路应对气候变化的冻土工程措施

#### （1）确立保护冻土的设计原则

充分利用冻土研究的既有成果，针对青藏铁路多年冻土的特点，确立"主动降温、冷却地基、保护冻土"的设计原则。通过实践—认识—再实践—再认识，在多年冻土工程设计方法上实现了"三大转变"，即：对冻土环境分析由静态转变为动态；对冻土保护由被动保温转变为主动降温；对冻土治理由单一措施转变为多管齐下、综合施治，使地基始终处于冻结状态。对于具体的工点设计，不仅考虑了冻土的地温分区和工程地质分类，而且考虑了局部环境条件对冻土工程的影响。

## （2）合理确定线位方案

尽量绕避工程地质条件复杂的不良冻土地段，路基结构形式以路堤为主，减少路堑、零断面和低填方的长度；通过冻融过渡段时，线路位置选择在融区，尽量减少在冻融过渡段和冻土岛等不稳定冻土地段的长度。对厚层地下冰地段、不良冻土现象发育地段和地质条件复杂的高含冰量冻土地段，采取以桥梁跨越的措施，提高了工程的可靠性，避免冻土不稳定性引发工程隐患。

## （3）采取有效的工程防护措施

针对高原冻土工程特点，路基工程采取以片石气冷、碎石护坡、通风管、热棒为主体的主动降温措施，经过多个冻融循环的观测证明，具有降低基底地温的明显效果，保证了多年冻土路基的稳定。多年冻土区桥梁采用钻孔灌注桩技术，科学确定钻孔灌注桩承载力、冻结力和冻拔力参数，解决桩基施工对地温的影响及其回冻问题。多年冻土隧道采取"一次衬砌+防水层+隔热保温层+防水层+二次衬砌"的防冻胀结构，实现了保护冻土、减小冻胀力、有效控制冻融圈范围的目的，保证隧道围岩及结构的稳定。

## （4）保护多年冻土工程环境

多年冻土的生存和变化与高原环境密切相关，保护好高原环境是防止冻土退化、确保工程稳定的前提条件。在建设阶段要减少工程建设和人类活动对环境的影响，合理布设桥、涵，防止改变地下径流，尽可能保护地表植被。在运营阶段加强冻土工程的维护，采取必要的植被恢复措施，加强地表排水，保证排水畅通。

目前，高原多年冻土区自然环境相对稳定，但这种平衡状态极其脆弱，在全球气候变化和人类活动加剧的条件下，多年冻土的热平衡极易打破。实践表明，多年冻土环境一经破坏极难恢复，甚至不可逆转。加强青藏铁路建设和运营期的多年冻土环境保护，是保证冻土工程长期安全稳定运营的关键。

## 5.1.2 青藏铁路应对气候变化的建议

### （1）加强青藏高原多年冻土区气象与重大工程的综合监测

全球气候变化以及人为活动的影响，都可能影响多年冻土的热平衡状态，造成多年冻土融化、厚度减薄，影响工程的安全稳定。为掌握气候变化与工程建筑物的建设和运用对多年冻土的影响，必须加强对高原多年冻土区气候及冻土的综合观测。冻土定位观测是研究冻土变化的重要手段，通过对多年冻土环境的长期不间断观测，分析和预测高原多年冻土区气温的变化及其对地温的影响，评价冻土环境的变化对工程稳定性的影响，及时采取加固措施。

### （2）加强气象信息及工程监测数据的共享

不同单位根据各自目的往往都在开展类似的气象观测，观测数据共享可以更充分地使用数据资源。通过多部门的合作共享，可提高数据使用效率和观测资料的可靠性，及时获取极端天气变化情况及气候变化趋势，提高铁路气象灾害的预警能力，提高气候变化与多年冻土环境相互影响的研究水平。如国家电网的雷击观测资料可为邻近高速铁路雷电防护提供参考，气象、水利等部门开展的大风、雨雪、洪水等气象灾害预测、预报可为铁路防灾提供指导，及早采取防护措施。

### （3）积极研发保护多年冻土的新技术

气温升高及冬季增温不利于片石层冷量的积累，从而减弱既有工程措施在气温升高条件下的效果。在气温升高的条件下，采用单一工程措施将不能满足工程的需要，即在工程病害治理设计中，更多地是采用综合的防护工程措施。为适应青藏高原气候变化的大背景，必须提前开展气候变化条件下保护多年冻土新技术的研发，做好技术储备。同时积极开展全球气候变暖背景下铁路沿线多年冻土变化趋势预测以及青藏铁路适应气候变化的研究。

# 5.2　气候变化对高速铁路影响的应对措施及建议

随着高速铁路建设的快速发展和路网规模的迅速扩大，特别是高速铁路建设向西部地区的推进，铁路"走出去"战略的实施，将面临更加复杂的气候环境，许多问题在世界上没有先例，铁路建设和运营面临严峻挑战，最大限度地预防和减少各类气象灾害对高速铁路运行的危害，是必须长期重视的重大课题。

## 5.2.1　气候变化条件下高速铁路的应对措施

### （1）建立高速铁路自然灾害监测预警系统

国内外高速铁路应对气象灾害的首要技术措施是建立高速铁路综合防灾预警系统，通过对沿线气象灾害的实时监测预警，当监测数据超过警戒值时及时发出预警信息控制列车运行，避免气象灾害的发生和降低灾害的影响。中国和日本、德国、法国高速铁路都建立了功能完善的灾害预警系统，并接入高速铁路运行管理系统中，灾害预警系统可以对风、雨、雪等气象信息以及其他列车或线路故障信息进行实施监测，当出现异常情况时自动报警，列车调度员根据实时监测报警指挥列车安全运行。

### （2）采取可靠的防灾工程措施

高速铁路防灾安全涉及规划设计、施工建造、运营维护、应急处置的全过程，在建设阶段就应高度重视气象灾害的预防，最大限度地防控自然灾害安全风险。

针对沿线大风、强降雨、冰雪以及雷害等自然灾害采取有针对性的防灾工程措施。在大风防灾方面，在大风集中高发区段修建挡风墙和风（声）屏障等防风设施，保证行车安全，提高限速标准以减少对运输秩序的影响。在强降雨防灾方面，通过提高防洪设计标准增强防洪能力，修建挡土墙、抗滑桩等支挡结构，排水沟、导水坝等导流设施，边坡加固、拦石网等防护工程；在抵御低温冰雪方面，专门研发适应高寒地区的高寒动车组，加强车辆的隔热保温、防雪防冻，基础设施采取防冻设计措施，道岔和接触网设置融雪装置，采用各种现代化的除雪设备、挡雪棚、防雪栅栏等防雪设施；在雷电灾害防治方面，通过加强雷电灾害风险评估，提高防雷设计等级，采取综合防雷措施等；在减少雾霾危害方面，通过增加绝缘子高度提高防"污闪"性能和加强高压设备维修保养提高绝缘性能来减少雾霾影响。

### （3）建立恶劣天气应急预案

加强气象灾害的预防和风险控制，全面提升应急处置能力，最大限度地减轻灾害损失。加强暴风雨雪雾等恶劣天气的运输组织，提高铁路各部门在非正常情况下的应急反应能力和应急处置水平，减少恶劣天气对高速铁路运输的影响，努力使灾害造成的损失减小到最低程度，确保旅客生命财产安全。

## 5.2.2 高速铁路应对气候变化的建议

### （1）加强高速铁路沿线气象信息的共享

加强与气象、国土、水利等部门的协调，实现气象信息的共享，提高气象灾害的预警能力，为高速铁路防灾减灾提供支持。充分利用卫星云图、气象雷达等现代气象技术，动态掌握汛期铁路沿线雨情、水情和台风等灾害性天气变化，提前预判可能发生的灾害，及时采取预防措施。

### （2）加强高速铁路气象灾害评估研究

研究高速铁路沿线气象灾害信息分析和评判预警技术，探索灾害监测信息之间的关联关系和与行车安全故障之间的依存关系，建立气象灾害安全评判模型，优化气象灾害预警和决策支持分析，实现对大风、强降雨、低温冰雪、雷暴等自然灾害的风险评估，及早采取预防措施，提前防范和减轻气象灾害。

### （3）完善高速铁路防灾技术标准

研究建立高速铁路的灾害防治技术标准，完善高速铁路技术标准体系，提高高速铁路安全管理水平。结合高速铁路建设和运营实践，借鉴国外高速铁路防灾设计标准，根据大风、大雨、雪害、地震、火灾等灾害特点，围绕高速铁路的系统设计、工程建设、装备制造、运用维修等方面，重点研究高速列车的防灾车体设计，在发生灾害时的限速运行标准，桥梁、隧道等大型结构物的防灾设计标准以及紧急救援站和应急通道等设备的设计标准等，以此建立高速铁路防灾减灾的技术标准，并作为我国高速铁路技术标准的子系统，构建完整的高速铁路技术标准体系。

### （4）深化高速铁路防灾减灾技术研究

依靠科技进步提高高速铁路防灾减灾技术水平，研发先进可靠的防灾减灾技术装备。一是研究各灾种之间、灾害与生态环境之间的相互关系。在灾害监测、报警技术及设备的研究基础上，研究各种灾害概率的风险分析和评价。二是研究高速铁路设备设施抵御灾害的安全性和耐久性设计。研究侧风环境下列车运行的气动力，优化列车抗风设计；研究极端气候事件下桥梁、路基等基础设施的破坏特点，加强结构性能的强化设计；研究综合、智能的雷电预警系统，研发和使用先进可靠的防雷技术设备。三是研究高速铁路防灾减灾应急平台技术。充分利用国家公用通信网络资源及电子政务网络平台，结合各种通信和网络技术，研究高速铁路减灾自动化、信息化技术，完善应急通信和信息保障能力，为铁路防灾减灾应急平台提供数据支持。

# 5.3  气候变化对水利水电工程影响的应对措施及建议

我国人多水少，水资源时空分布不均，目前经济社会发展布局与水资源配置格局还不协调，应对气候变化能力相对较弱。从气候变化对我国水工程和水安全的影响出发，针对重点区域和重点工程提出如下几点建议：

1）加快推进全局性、战略性的重大水利工程建设，增加储水能力，完善防洪抗旱减灾工程体系。在中西部严重缺水地区建设一批重大调水、饮水安全工程和大型水库，夯实城乡抗旱基础设施，增强城乡供水和应急能力，促进集中连片特困地区脱贫、推动区域协调发展。对资源性缺水地区，要加大雨洪水、再生水、海水等非常规水资源的利用程度。加快编制中小河流防洪规划，适度提高洪涝灾害易发地区水工程的防洪标准，加固已有防洪工程。推进重大农业节水工程，突出抓好重点灌区节水改造和严重缺水、生态脆弱地区及粮食主产区节水灌溉工程建设。综合考虑防洪、供水、航运、生态保护等要求，加快实施江河湖泊治理骨干工程，保护河流湖泊原有的生态功能，提高抵御洪涝灾害能力。

2）提高水文气象监测和预报的能力，优化水资源配置和调度。要优化现有气象水文监测网络，加强监测密度，加强不同预见期（短、中、长期预报）的水情预报技术研究，提高预报的准确度和预见期。要加强水循环基础理论研究，更加深入地揭示变化环境下"自然–社会"二元水循环的相互作用机理，定量评估气候变化对水安全的影响。要加强水库群联合调度及流域水量统一调度，建立水资源综合调度系统，落实最严格水资源管理制度，优化调配水资源，确保水资源的安全和高效利用。

3) 长江、珠江、澜沧江等南方流域应对气候变化的对策。一是需要综合考虑防汛、抗旱、发电、生态、航运等调度目标，特别是重视旱涝事件对湖泊、湿地、河口等水域生态系统的影响，加强干支流水库群联合调度研究，优化和完善流域水库群联合调度方案，合理安排干支流水库群的蓄、泄水时机，建立跨地区、跨部门的协调机制、应急机制和补偿机制，制定促进梯级水库群联合调度的运行保障机制和政策，充分发挥水利水电工程群的整体综合效益，提高应对气候变化能力。长江流域主要是金沙江水电基地、雅砻江水电基地、大渡河水电基地、乌江水电基地与长江三峡工程的联合调度研究，珠江流域主要是龙滩水电站、大藤峡水利枢纽、百色水利枢纽、老口水利枢纽、飞来峡水利枢纽、枫树坝水库、新丰江水库、白盆珠水库等骨干水库的联合调度研究。二是需要根据西南地区梯级水库群系统中不同梯级的特点以及相互之间的地理联系和水力联系，优化现有气象水文监测网络，加强梯级水库群风险动态评价与灾害链效应研究，明晰风险孕育机制、致灾机理及灾害链效应。考虑梯级水库群中的薄弱水库和薄弱环节，建立风险管理模式下梯级水库群的工程安全监测指标体系，加强水电工程风险预警与应急处理技术研究。三是加强西南地区抗旱基础设施建设。要加强土壤墒情监测，提高抗旱应急响应速度，统筹考虑分散供水与集中供水，坚持挖潜优先，对滇中调水、黔中调水、流域内部的水系连通、水电工程水资源综合利用及五小水利工程进行合理规划布局，加快西南易旱地区的抗旱基础设施建设，构建高效、均衡、可持续的水资源开发利用格局，合理调配水资源。四是重视城市化对珠江三角洲、长江三角洲等区域气温上升、降水量增加及极端气候事件增加的影响，加强珠三角地区、长三角地区、长江中游城市群等地区城市内涝的规避与应急管理战略研究，提出系统的政策措施。五是要坚持高标准规划，在长江上中游等水土资源条件较好的地区新建节水型、生态型灌区。

4) 黄淮海流域及东北地区应对气候变化的对策。一是加快南水北调东、中线受水区配套工程建设，加强受水区的需水管理和水资源统筹调配。

二是加强黄河干流已建的龙羊峡水库、刘家峡水库、万家寨水库、三门峡水库、小浪底水库和规划的古贤、黑山峡、碛口等骨干水库的联合调度及其与南水北调东、中线工程的联合调度研究。三是加强山区水源涵养及地下水储备战略，加强水库汛限水位动态控制与洪水资源化战略研究，加强非常规水源的利用战略。四是加强东北地区水源工程、水系连通工程和节水生态型灌区建设，从供水管理向需水管理转变，深入研究极端旱涝情景下东北农产品主产区旱涝应对战略以及辽中南地区、哈长地区城市与工业用水安全保障战略，要重视极端旱涝情景下辽河、呼伦湖、扎龙湿地等重要河湖、湿地生态用水安全的保障；五是要重视东北地区融雪洪水的预警预报和灾害防治。

5）西北地区应对气候变化的对策。一是高度重视气候变化对西北地区冰川融化的影响及其伴生的水文、水资源、水环境和水生态效应，积极主动地开展研究、规划等前期工作。二是加强冰湖溃决洪水、春季融雪洪水、冰川洪水泥石流等西北干旱区冰雪灾害的风险管理和应急处理能力。三是继续加强内陆河流域上下游、左右岸等不同区域及不同部门之间的协调配合，加强气候变化背景下流域水资源综合利用的风险管理能力，促进冰川融水资源的高效安全利用。

6）三峡工程及其库区应对气候变化的对策。一是需要优化和完善长江上游水库群联合调度方案，加强中长期径流预报和汛限水位动态控制技术研究，合理安排上游干支流水库群的蓄、泄水时机，充分发挥上游干支流水库群对长江中下游的防洪作用和整体综合效益。二是需进一步改进洪水预见期预报，采用水文气象结合，长、中、短期预报结合，滚动修正预报，制作具有 3~5 天预见期，且具有一定精度的三峡水库的洪水预报成果。同时，需进一步加强预报调度技术研究，降低三峡水库对洪水进行拦蓄调度的风险，为三峡工程防洪科学调度提供技术支撑。三是优化调整三峡工程的抗旱调度方案，加强干旱预警预报工作，使三峡工程枯季抗旱调度充分发挥作用。四是积极开展区域气象致灾阈值研究，减小极端天气气候事件诱发地质灾害的发生概率。五是加强气象台站网络覆盖水平，改善航运交通基础设施的防灾应急能力建设，从信息服务、隐患消除等角度确保航运安全。六是加强库区水污染防治工作，促进生态环境得到改善，以防范未来气温上升可能导致的三峡水库水质恶化。七是采取积极的行业适应措施，减少气象要素变化和极端气候事件给库区经济发展带来的影响。八是改善三峡库区生态环境，增强库区生态系统适应能力。

7）南水北调工程应对气候变化的对策。一是充分考虑极端天气气候事件的严重影响，兼顾分水比和供需差，制定跨区域、跨部门的具有较强针对性和可操作性的水量分配和水文风险应急预案体系。二是要制定南水北调工程安全应急预案体系，增强工程应对极端气候事件的能力。三是加强诱发地质灾害的强降水监测预警，提高地质灾害防御能力。四是在已建工程运行调度方案基础上，继续深入研究南水北调西线工程以及南水北调东、中线二期工程的合理建设方案。尽早开展南水北调西线工程的前期工作，进行更加全面的科学论证，以便准确决策。

# 5.4　气候变化对电网安全的应对措施及建议

针对气象灾害对电网安全的影响，我国主要采用合理安排运行方式、加强监测、科学维护和及时抢修等手段和措施来保障电网安全。目前，仍需进一步加强对持续高温、雷电、暴雨洪涝、低温雨雪、雾霾、台风、山火等各类灾害的监测，提升对这些灾害的预警能力。此外，通过加强电网的巡视和维护检修工作，建立电网灾害紧急应急预案，完善相应的应急管理机制，将能最大程度地降低各种灾害对电网造成的损失。

针对持续高温，建议电网提前合理安排电网运行方式，有计划地安排供电、发电企业对输变电设备和水、火电机组进行检修和消缺等工作，保证持续高温期间设备的可靠运行。此外，针对持续高温天气明显的区域特征，可以考虑实行多网联合调度的策略，对负荷较重的区域还可考虑采取合理分配负荷运行或错峰限电措施。

针对雷电带来的输电线路跳闸和电网设备损坏，建议进一步开展雷电活动监测、预警和雷电防护方法的研究。

针对雾闪，建议采用防污性能较好的复合绝缘子、线路定期清洁和后备供电方式保供电等措施。

针对太阳风暴对电网的影响，可通过在变压器中性点安装削弱、隔离或补偿直流电流的装置来抑制直流偏磁对变压器的影响，保障变压器在太阳风暴侵袭下的安全稳定运行。对于已建电网，理想的防治措施是尽量利用系统的现有设备，依据地磁感应电流（GIC）的特点和可行性原则，通过调整系统参数或潮流来提高系统防御太阳风暴的能力和水平。对规划中的电网，则可在仿真基础上考虑加装串联补偿装置来防治电网的 GIC。

针对沙尘暴对电网安全的影响，可在规划阶段避开沙尘暴区域，如无法避开则可加大电网的绝缘和机械设计裕度；此外，在运行中可通过对沙尘暴的监测和预警，合理安排巡视、维护和检修工作，尽量降低沙尘暴对电网安全的影响。

针对覆冰的影响，可在容易覆冰地区的杆塔上安装覆冰在线监测装置，并对线路覆冰状况进行预警，而一旦发生严重覆冰灾害时可以使用直流融冰装置对线路开展融冰。

针对台风，可在规划阶段尽量避开台风区；对已建成线路则可根据实际情况提出台风期间运行方式安排的目标和原则以及台风袭击过程中的调度调整原则和电网事故处理原则；此外，还应适当提高台风高发区域的电网设计标准。

针对山火的影响，建议与农业部门合作建立覆盖面更广、更准确的输电线路山火监测和预警系统，并研究输电线路在遭受山火时的线路控制保护方案。

各种极端气候条件下电网的应对措施和建议存在着可以相互借鉴的共通之处，从电网应对各种气象灾害的整体出发，还可以提出以下的防护措施和建议。

1）将电网的运行维护与气象信息进行深度融合，例如，可将电网安全与电源安全技术与大数据技术、气象预测技术等进行相互融合，形成广义智能电网或广义智能能源网络，构建气象灾害预测、电网安全预警一体化防护系统，并同时完善应急管理机制。

2）加强设计规划，优化路径，改进电网抗风、防雨、防冰能力，根据极端气候的区域特征因地制宜地提高电网设计和建设标准。

3）科学安排电网运行，实行多网联合调度，避免集中负荷区采用单一方式或单一来源供电。

4）开展雷电预测和雷电基础参数监测研究，建立雷害风险评价体系。

5）高度重视极端气候事件，对可能造成大范围、长时间停电的极端气候事件进行预警和对策研究，并对国内外相应重大案例进行分析。

6）开展气候变化趋势下电网系统、电源系统抵御未来灾害能力的基础研究，如灾害的连锁传导机制、动态扰动对电网系统稳定性的影响、新型材料、新标准等。

## 5.5　气候变化对生态工程影响的应对措施及建议

1）充分利用北方气候暖湿化的正效应，加快防护林建设和草原生态恢复。

根据 IPCC 气候变化情景预估，未来 30～60 年，东北、华北、西北地区降水呈增多趋势，非常有利于扩大防护林建设、加大草原生态恢复和巩固生态建设成果。但应该转变在干旱区大面积造林的生态建设思路，应坚持科学的生态观来实现北方生态环境建设，即在不违背"宜林则林、宜灌则灌、宜草则草、宜荒则荒"的原则下，根据当地特点，适当调整原计划，做好个性化新规划。

此外，针对气候变暖后森林和草原火灾、病虫害发生呈增加趋势的特点，需切实加强森林草原病虫害和火险监测预警和防治，加强树木检疫和草原病虫害防控，推行生态防治、生物防治和化学防治；加强森林和草原火灾预防措施，减轻灾害损失。

2）加强三北防护林和北方草原适应气候变化和防灾减灾的科学研究。

认识气候变化对生态保护工程建设影响的重要性，开展气候可行性论证；目前针对新建的重大基础设施、公共工程和大型工程建设项目、重大区域性经济开发、区域农（牧）业结构调整建设，以及风能、太阳能开发利用建设项目均开展了气候可行性论证和评估工作，但是针对生态保护建设开展气候可行性论证很少，需要重视和加强。

加强三北地区高温、干旱条件下造林成活率的研究，为气候变化下选育优良树种，增加对不良环境的适应能力提供依据；加强极端天气气候事件影响的研究，包括开展气候变率和极端天气气候事件对森林、草原生态系统影响的数值模拟研究。

加强气候变化后火灾、病虫害等次生灾害对森林和草原生态系统的干扰和破坏的影响研究；针对森林、草原生态系统不同服务功能，开展气候变化与森林、草原生态系统协同效应研究；开展本地化的"宜林则林、宜灌则灌、宜草则草"具体趋利弊害技术研究，提高生态工程保护效率。

3）正确认识我国在地质灾害应对和适应气候变化方面的不足和差距，加强气候变化下局地气象条件的可能改变状况评估，特别在强对流天气的分布、雨带移动等方面的预估，建立新的局地气象条件与地质灾害的对应关系，为局地地质灾害预测做好科学支撑，并在教育与科普方面促进地质灾害防治长效机制的建立。

# 5.6 气候变化对沿海城市及工程影响的应对措施及建议

## （1）总体应对策略

总体上，沿海地区应加强气候变化和海平面上升的影响评估和脆弱性区划，实施海岸防护、生态保育与适度开发并重策略。对于已开发利用区域，根据经济社会发展程度，采取防护、后退和顺应等适应性措施，并应以防护为主。对于未开发利用区域，应在风险评估的基础上，进行适度的开发与合理的避让。在保存相对较好的自然岸段和重要生态保护区海岸的滨海地区，合理布局，预留滨海生态系统后退空间，实现人与自然的和谐统一。

### （2）加强海岸带规划与管理

在大力发展海洋经济的过程中，应通过加强海岸带的规划与管理，强化规划对海岸带开发活动的空间管控，使得沿海城市发展朝着正确的空间发展方向，控制向海洋发展的合理规模，形成合理的产业结构布局，实现科学、有序的发展。

在发展中应避免"过度临海化"和"过度工程化"的倾向。目前，我国沿海经济区对海平面上升问题的认识仍显不足，以经济利益为单一价值取向，过度侵占海岸空间，沿海生态控制退线不足等现象屡见不鲜。

目前我国海岸带的管理主体众多，涉及国土部门、海洋部门、发改部门等，分头管理机制在应对全球气候变化导致的海洋灾害时显得应对不足。建议在宏观层面进行各部门间的协调，加强海岸带的规划与管理，以统一协调和管理海岸带开发建设、生态保护与应对自然灾害能力建设，引导沿海重点经济战略地区的永续发展，并保持长久竞争优势。

### （3）沿海城市应对措施

1）完善和提高海岸防护工程标准，包括海堤工程标准和沿海防护林标准。

目前我国海堤的设计标准相对较低，难以应对未来气候变化背景下海平面上升的挑战。建议针对我国海堤的现状，根据对未来全球气候变化及海平面上升的形势判断，结合社会经济发展状况，对现行海堤设计标准进行适当修订，重新确定海堤等级及划分依据，尤其对高风险的脆弱地区应大幅提高建设标准，以提高海堤防潮抗浪能力，有效应对气候变化。

针对沿海地区盐碱地、海岛等地区造林成本高、维护难度大等实际情况，以及低效防护林改造、红树木引种驯化、重大病虫害防治、高效防护林体系配置、滨海湿地恢复技术等问题，加强有关沿海防护林体系设计、建设、保护、监管等方面的标准制定，以降低防护林建设成本，提高防护林质量，充分发挥其应对海平面上升的重要作用。

2）加强海岸带和沿海地区的防护体系建设，包括堤坝防护工程和生物防护工程。

加强沿海地区堤防建设。加高加固沿海大堤，使之能抵御海平面上升及风暴潮增水和波浪爬高的侵袭。在沿海平原地区，特别是河口三角洲地带，建设永久性的重大工程时还应提高其建筑基面，以免未来海平面上升被淹没。在城市地面沉降地区应建立高标准防洪、防潮墙和堤岸。并在需要的位置新建达标海堤，形成完善的工程体系。加高加固下游河口段标准较低的河堤，以防止未来受上升的海平面与高潮和风暴潮顶托而发生洪涝灾害。大力建设生态型海堤，以减少因海堤中断海陆水循环所带来的湿地退化、栖息地消失等生态环境问题。

加强生物防护工程建设。充分发挥生物防护工程的自组织、费用低、使用寿命长等优势，积极建设和保护生物防护工程。鼓励社会植树造林，禁止砍伐原始林或次生林改种经济林，以有效保护海洋生态环境、涵养水源、保持水土、净化水质。沿岸一定范围内的林木或是水源涵养林，应当划为公益林，不得随意采伐。通过推动沿海生物防护工程的建设，与沿海堤坝防护工程体系互补，构建坚固的海防线，保障人民的生命财产安全。

3）加强地面沉降防治。对城市的产业结构布局及社会经济发展进行科学的规划，提高水资源的利用效率，以减少对水资源尤其是地下水资源的需求量。不断完善地下水资源的经济和政策管理体系，做好地下水资源的综合开发和利用，防止由于地下水的过量开采而导致地面过快沉降。合理规划城市布局，控制地面沉降。减少在软土层、古河道、古海滩、工矿采空区和断裂带上建设重大工程项目，不允许布置密集的城市建筑，必要时打深桩加固地基，减缓地面沉降程度。在矿石采空区做好善后工作，用土石填埋或者加设支撑物，避免地面塌陷。在有条件的地方，对地下水进行合理的人工回灌，修复或防止地面沉降。

4）加强城市洪涝防治。在沿海城市的规划中，考虑气候变化和海平面上升因素，进行洪水风险评估，绘制洪水风险图。基于洪水风险评估和洪水风险图，在沿海地区开发建设时进行合理的避让，在城市规划中进行合理的场地和道路竖向设计。改造城市排水系统，对低洼地区进行整治和改造，提高城市抵御内涝的能力。推行低影响开发（LID）模式，在源头上削减降雨形成的地表径流，减小气候变化和海平面上升带来的城市内涝叠加效应。修建各类调蓄设施，增加对城市雨洪的调蓄能力。考虑气候变化和海平面上升因素，提高挡潮闸的建设标准和设计工程水位。提高沿海、沿江排水泵站的抽排水能力。

5）建设监测预警体系。完善全国的海平面上升监测网络，加强和改善观测设施，改进观测方法，提高技术水平和观测精度，取得长时间序列的观测资料。监测内容包括沿海的海平面变化、地面垂直升降，以及海洋水文、湿滩湿地、海岸侵蚀、地下水位、咸潮入侵、海水入侵、土地盐渍化等。加强海洋灾害的监测预警，完善全国海岸带和相关海域的海洋灾害监测预警系统，构筑统一的信息平台，重点加强风暴潮、海浪、海冰、咸潮、海岸带侵蚀等海洋灾害的立体化监测和预报预警能力，强化应急响应服务能力。

### （4）重大沿海工程应对措施

a. 核电站

科学评估核电站面临气候变化的风险，充分研究各核电站所在区域遭受海平面上升、风暴潮、洪水等灾害的影响程度，评估核电站面临上述灾害的风险，为核电站应对气候变化提供依据。针对风险评估的结果，提出有针对性的减缓措施。在科学评估核电站面临气候变化带来的灾害风险的基础上，编制各核电站的气候变化应对规划。

由于气候变化的影响，洪水、风暴潮等的设计重现期可能有所降低，因此需要补充收集近年的降雨、潮位等数据，恰当地预测未来的可能变化。并将这些变化因素纳入数据的时间序列分析中，重新分析计算不同设计频率下的潮位和洪水数据。然后依据这些数据重新制定各地的核电站工程设计标准，以保证核电站的在气候变化条件下的运行安全。

在核电站选址论证时应将气候变化的潜在影响考虑进来，尤其应充分考虑未来 50~100 年海平面上升的影响，并考虑气候变化对我国沿海不同地区的影响程度不同，避免选取处于海拔较低位置、淹没风险较大的区域。

核电站的环境影响评价应考虑气候变化带来的影响，需要进一步论证取水、排水方案，充分评价排放口混合区的面积和受影响的水域范围，并考虑未来海温的上升趋势，科学评估气候变化对于核电站所在海域海洋环境的综合影响。

b. 港口

加强气候变化对于港口的影响研究。目前，美国和澳大利亚等对气候变化对于港口的影响已经有了较为深入和细致的研究，而我国在这方面的研究比较缺乏，已发表的论文屈指可数。

加强港口的风险评估。气候变化对各港口的影响不同，各港口的自身条件也不相同，因此各港口需要识别自身面对气候变化时所面临的灾害和在灾害中的暴露情况，科学评估风险，从而为采取应对措施提供参考。

鼓励各港口编制气候适应性规划。在充分研究气候变化对于本港口影响的基础上，识别港口面对气候变化的脆弱性以及可能的损失，因地制宜的提出有针对性的应对措施，并进行经济技术的分析论证。

完善港口的设计标准。在港口设计中，要充分考虑由于气候变化而造成的设计标准发生改变。尤其是潮位、风力等可能影响到港口安全的一些设计参数，应考虑到近些年的数据记录，及时修订历史数据系列，从而将气候变化所带来的影响因素纳入设计标准中。

# 5.7　气候变化对能源工程影响的应对措施及建议

## （1）对管道工程影响的措施

气候变化对管道工程有一定的影响，但相对较小，对管道工程安全危害较大的气候变化带来的灾害影响要加以考虑，总的来说，气候变化本身对管道工程影响有限。

国家相关设计标准及规范需要针对预测气候变化的影响进行修订，对其依据的基本气候数据进行更新和分析改善，并且需要根据气候变化趋势进行分析。

对新建管道工程来说，对目标市场的需求和管道输送能力上要考虑设计周期内气候变化影响；各种地质灾害、安全、防洪等评价方法要适应气候变化带来的影响；考虑设计周期内气候变化的影响因素，在敏感的地质地貌地区，如山区、河流穿越段等适当提高设计标准。对在役的管道项目，在安全、环境、水保等评估时，也要考虑气候变化的影响，甚至要根据气候变化的影响进行安全改造。

## （2）对风电场工程影响的措施

减少温室气体排放，降低风能资源开发利用风险。综合来看，我国风能资源主要分布在三北（西北、东北和华北）和东南沿海地区。到目前为止，我国已经在三北和东南沿海地区建设了大量的风电场。但是根据近50年的观测事实分析，该地区风能资源呈减小趋势变化；多个全球气候模式预估，在21世纪，该地区风能资源有可能略减少，并且随着 $CO_2$ 等温室气体排放量的增多，三北和东南沿海地区风能资源可能减少得越显著。另外，随着温室气体排放量的增加，气温将继续增高，极端高温，尤其是沿海的高温、高湿、高盐的环境严重损害风机使用寿命和发电效率。西太平洋台风的变化也可能会给沿海风电场带来意想不到的风险。减少温室气体排放，减少我国关键风能资源区域风能资源的变化，减少沿海高温、高湿和高盐日数，降低风能资源开发利用风险。

增强规划制度实施，提高风能利用率。增加国家、省、区、县和风电场等各级风能资源开发利用的规划和管理制度，在规划中充分考虑气候变化影响，合理客观评估风能资源，提供风能资源利用效率，避免浪费投资和弃风现象。

增加工程建设中气候变化影响分析部分，降低不必要的投资成本。在目前的风能资源评估规范或可研编制要求中，建议充分考虑气候变化的影响，尤其是在风机排布、风机选型和风险评估过程中充分考虑气候变化影响，合理核算投资成本，降低不必要的经济投入。

加强相关科学研究，为风能资源的高效利用和合理投资提供更有力的支持。本报告中仅归纳了前人的研究成果，气候变化对风能资源和开发利用影响方面的研究还非常薄弱，亟待进一步研究；还有部分气候气象要素的变化影响风能开发利用需深入研究；气候变化及对风能开发利用影响的研究中，仍存在非常大的不确定性，应加强研究力度，减小不确定性；建议研制更多风机类型，适应未来气候特征。

### (3) 对光伏发电工程影响的措施

高度重视大气环境保护，切实减少大气污染物的排放（尤其是在我国东部地区），从而实现对太阳辐射下降的有效控制；大力发展风能、太阳能等清洁的可再生能源，增加清洁能源在一次能源消费中的比重，以显著减少由于化石燃料燃烧所导致的碳排放和污染物排放；加强相关科学研究和技术推广，重视对光伏电站设计的科学性，在考虑太阳能资源及相关气候条件区域性特点的基础上进行电站的优化设计，以最大限度地发挥光伏电站的减排潜力；加强对光伏电站的清洁维护，尽量保证电站在良好状态运行，通过精细化管理减少积尘等不利条件所造成的损失；更加重视风力发电、光伏发电等不稳定能源的并网工作，从技术和机制两个方面入手，尽可能减少"弃电"的比例。

# 第 6 章　气候变化对重大工程影响的适应对策的综合意见

## (1) 气候变化对重大工程的影响对国家安全具有重要意义

气候变化对重大工程的影响在一些重大工程的运行中已经显现出来，是否在未来气候中对工程有进一步影响，是否会进一步影响到可持续发展、社会安全、基础设施安全，都要引起注意，需要引起地方政府足够的认识。

## (2) 加强气候变化与重大工程的相关科学研究工作

未来全球气候变化对重大工程的稳定性、运行效率、技术标准都具有重要影响，因此针对这几方面在工程施工前和开工后要加强长期性、延续性的科学研究。

一方面，加强气候变化近期预测的研究（10~30 年），为适应工程提供较可靠的科学支撑，在此基础上开展气候变化对重大工程影响的研究。气候变化的表现有多种方式，其对于各类重大工程的影响也体现在方方面面。气候变化对重大工程的影响研究已经有了一定的基础，但气候变化仍存在较大的不确定性，应继续加强对影响机理的深入研究。为适应工程发展和经济发展需求，最大限度发挥重大工程的综合效益，需进一步开展气候变化对重大工程影响的研究，以及重大工程如何来适应气候变化的相关研究。

另一方面，未来全球气候变化可能使极端天气气候事件的频度和强度加大，需进一步加强极端天气气候事件和气象灾害研究，提高重大工程的防灾技术，制定防灾技术标准，研究趋利避害的新技术，提高工程保护效率。采用先进可靠的新技术和新装备提高防御能力，提高重大工程应对极端天气气候事件的能力，研究气象灾害后重大工程的快速恢复和重建机制。

### （3）做好重大工程应对气候变化的前期规划与设计，开展气候变化对重大工程的专项评估

现有重大工程在规划阶段有些已经考虑了气象灾害的影响，但是随着全球气候变化，气象灾害的强度、频度和范围都随之发生变化，因此要及时将相应科学研究得出的最新数据和成果应用到新建重大工程规划和设计中，开展气候变化对重大工程的专项评估，充分考虑气候变化的影响，进一步加强适应和应对气候变化带来的负面影响。在规划实施前要召集相关部门、专家对其进行反复论证、修改，在规划实施后工程管理方要加强信息收集、反馈，建立完善的监督检查机制，及时跟进最新的气候变化科研成果，对规划方案进行修订。政府部门要加强开展适应气候变化的顶层设计并制定总体战略规划，对重大工程的规划设计起到指导作用。

### （4）开展重大工程应对气候变化的综合管理，重新复核已建工程应对极端天气气候事件的能力

一是加强气象与重大工程的连续、系统监测，加强部门间数据共享，建立气象部门及各专业部门间的信息共享平台和共享机制。保障重大工程建筑物、设备以及工程整体安全，是保障工程安全运行必需的重要科学依据。要不断提高气象与重大工程的连续、系统监测，建立监测体系，提高监测技术和管理水平，运用现代信息技术对各项观测资料及时进行系统化和智能化的整理、监控指标制定和综合分析研究，并快速反馈和及时采取有效应对措施。建立有效的、常态的信息共享和数据共享，提高针对重大工程的气象灾害预警能力。

二是建立和完善气象灾害实时监测和预警系统，加强多部门联动，完善重大工程安全高效运行的体制建设，确立统一调度和协调会商制度，形成重大工程适应气候变化和防灾减灾的长效机制。

三是在上述监测、预警提供的信息数据基础上，开展以适应气候变化为目标的工程管理。在政府主导下多部门加强配合，充分利用气候变化给工程带来的契机或是科学应对气候变化给工程带来的挑战，包括合理布局工程、灵活调配资源、加强设备维护、采取补救措施等，同时要兼顾成本-效益问题，尽量减轻对经济发展带来的负面影响。

四是将气象灾害风险管理纳入重大工程的全生命周期。对于已建工程需重新复核其应对极端天气气候事件的能力，加强防御和应对极端天气气候事件能力建设，建立防御极端气候事件长期战略机制。提高应对极端天气气候事件能力与应对气候变化相结合，完善防灾减灾体系。制定应对极端天气气候事件防灾减灾法规，加强气象灾害风险综合管理。根据当前极端天气气候事件造成灾害的新特点和新形势，结合中国灾害管理工作的实际情况，借鉴国际气象灾害风险管理的先进经验，面向国家综合防灾减灾需求，统筹考虑重大工程的气象灾害风险综合管理工作的各个方面，制定重大工程应对极端天气气候事件防灾减灾法规，充实国家综合防灾减灾战略。

### （5）修订适应未来气候变化的重大工程技术标准

在以上三点对策基础上，政府要大力支持对重大工程技术标准的研究。及时跟踪气候变化对工程影响的最新研究进展和工程实施运行中存在的适应性问题，着力将应对气候变化的工程技术标准修订工作做到及时化、常态化、超前化。

### （6）加强相关专业、部门的联动、合作与协调配合

气候变化对重大工程的影响问题是一个复杂的学科交叉问题，牵涉气象、生态、环保、水利水电、工程设计与建造、电力等理工学科，也涵盖了

规划管理、经济、公共管理、工程管理等经管类学科，因此无论在开展研究、规划、建造运行、监督管理等各个过程中，都要注重集合各专业、各领域、各部门的专家人才之力，共同为气候变化对重大工程的影响评估与应对贡献力量。

# 参 考 文 献

白永清，陈正洪，陈鲜艳，等.2015.长江山区航道剖面能见度分析及局地影响因素初探。长江流域资源与环境，24（2）：339-345.

蔡锋，苏贤泽，刘建辉，等.2008.全球气候变化背景下我国海岸侵蚀问题及防范对策.自然科学进展，18（10）：1093-1103.

陈长霖.2010.全球海平面长期趋势变化及气候情景预测研究.青岛：中国海洋大学.

陈长霖，左军成，杜凌，等.2012.IPCC气候情景下全球海平面长期趋势变化.海洋学报，34（1）：29-38.

陈飞，王灵舒.2005.综合性海岸带规划与管理探讨，21（11）：69-71.

陈国华.2011.智能电网在应对全球气候变化中的战略作用.能源与环境，（4）：13-16.

陈国平，黄建维.2001.中国河口和海岸带的综合利用.水利水电技术，（01）：38-42.

陈鲜艳，宋连春，郭战峰，等.2013.长江三峡库区和上游气候变化特点及其影响.长江流域资源与环境，22（11）：1466-1472.

陈鲜艳，周兵，钟海玲，等.2014.2011年春季长江中下游春旱的气候特征及特点.长江流域资源与环境，23（1）：139-144.

陈晓晨，徐影，姚遥.2015.不同升温阈值下中国地区极端气候事件变化预估.大气科学，39（6），doi：10.3878/j.issn.1006-9895.1502.14224.

程浩.2011.沙尘环境下绝缘子交流闪络特性的研究.重庆：重庆大学.

从荣刚.2013.自然灾害对中国电力系统的影响.西华大学学报（自然科学版），（1）：105-112.

《德国铁路基础设施设计手册》翻译审核委员会.2007.德国铁路基础设施设计手册.北京：中国铁道出版社.

邓振镛，张强，尹宪志，等.2007.干旱灾害对干旱气候变化的响应.冰川冻土，29（1）：114-118.

《第二次气候变化国家评估报告》编写委员会.2011.第二次气候变化国家评估报告.北京：科学出版社.

丁靖康，韩龙武，徐兵魁，等.2011.多年冻土与铁路工程.北京：中国铁道出版社.

丁一汇.2008.中国气候变化科学概论.北京：气象出版社.

丁一汇.2009.中国气候变化——科学、影响、适应及对策研究.北京：中国环境科学出版社.

丁一汇,张建云.2009.暴雨洪涝.北京:气象出版社.

《东北区域气候变化评估报告》编写委员会.2013.东北区域气候变化评估报告决策者摘要及
执行摘要2012.北京:气象出版社.

董锁成,陶澍,杨旺舟,等.2010.气候变化对中国沿海地区城市群的影响.气候变化研究进
展,6(4):284-289.

都金康,史运良.1993.未来海平面上升对江苏沿海水利工程的影响.海洋与湖沼,24(3):
279-285.

杜碧兰.1993.海平面上升对中国沿海地区影响初析.海洋预报,10(4):1-8.

杜碧兰,田素珍,沈文周,等.1997.海平面上升对中国沿海主要脆弱区潜在影响的研究//杜
碧兰.海平面上升对中国沿海主要脆弱区的影响及对策.北京:海洋出版社.

符淙斌,袁惠玲.2001.恢复自然植被对东亚夏季气候和环境影响的一个虚拟试验.科学通报,
46(8):691-695.

傅崇辉,王文军,赵黛青,等.2012.我国珠三角地区经济社会系统对海平面上升的敏感性分
析——属性层次模型的应用与扩展.中国软科学,12:103-113.

广东省气候变化评估报告编写课题组.2007.广东气候变化评估报告.

郭涛,王成祖.1998.三北防护林体系建设20年综述.林业经济,(6):1-13.

国家海洋局.1996.中国海洋21世纪议程.北京:海洋出版社.

国家海洋局.1998.中国海洋政策.北京:海洋出版社.

国家海洋局.2012.中国海洋统计年鉴2011.北京:海洋出版社.

国家海洋局.2013a.中国海平面公报.北京:海洋出版社.

国家海洋局.2013b.中国海洋灾害公报.北京:海洋出版社.

国家海洋局海洋发展战略所课题组.2011.中国海洋发展报告(2011).北京:海洋出版社.

国家减灾委员会办公室.2006.灾害管理的国际比较.北京:中国社会出版社.

国家减灾委员会办公室.2006.中国灾害管理实践和重大灾害案例.北京:中国社会出版社.

国家减灾委员会办公室.2006.中国自然灾害管理体制和政策.北京:中国社会出版社.

国家林业局三北防护林建设局.2004.世界上最大的植树造林工程——三北防护林体系工程简
介.信息导刊,(6):4-5.

国家气候中心.2012.中国地区气候变化预估数据集.

国家气候中心.2013.三峡工程气候效应综合评估报告.

何霄嘉，张九天，仇天宇，等．2012．海平面上升对我国沿海地区的影响及其适应对策．海洋预报，29（6）：84-91．

侯镭，王黎明，朱普轩，等．2008．特高压线路覆冰脱落跳跃的动力计算．中国电机工程学报，（06）：1-6．

胡松，朱建荣，傅得健，等．2003．河口环流和盐水入侵 II——径流量和海平面上升的影响．青岛海洋大学学报，33（3）：337-342．

胡湘，陆佳政，曾祥君，等．2010．输电线路山火跳闸原因分析及其防治措施探讨．电力科学与技术学报，25（2）：73-78．

胡湘．2011．电网的山火防治与运行优化研究．长沙：长沙理工大学．

胡娅敏，宋丽莉，刘爱君．2008．登录我国不同区域热带气旋气候特征的对比．大气科学研究与应用，1：1-8．

《华北区域气候变化评估报告》编写委员会．2013．华北区域气候变化评估报告决策者摘要及执行摘要2012．北京：气象出版社．

《华东区域气候变化评估报告》编写委员会．2013．华东区域气候变化评估报告决策者摘要及执行摘要2012．北京：气象出版社．

《华南区域气候变化评估报告》编写委员会．2013．华南区域气候变化评估报告决策者摘要及执行摘要2012．北京：气象出版社．

《华中区域气候变化评估报告》编写委员会．2013．华中区域气候变化评估报告决策者摘要及执行摘要2012．北京：气象出版社．

黄润秋．2007．20世纪以来中国的大型滑坡及其发生机制．岩石力学与工程学报，26（3）：433-454．

黄镇国，谢先德．2000．广东海平面变化及其影响与对策．广州：广东科技出版社．

蒋国俊，王宗涛．1994．浙江海面变化的灰色模型分析与预测．海洋科学，（3）：61-65．

蒋一平，陈安明，蒋兴良，等．2010．预染污方式对瓷和玻璃绝缘子人工覆冰交流闪络电压影响的研究．高压电器，（5）：42-46．

雷鸣．1991．南海自然地理索要．东南亚研究，3：77-82．

雷瑞波，王文辉，董吉武，等．2008．全球气候变化对我国海岸和近海工程的影响．海岸工程，27（1）：67-72．

李长江，麻土华，朱兴盛．2008．降雨型滑坡预报的理论、方法及应用．北京：地质出版社．

李崇银，黄荣辉，丑纪范，等．2009．我国重大高影响天气气候灾害及对策研究．北京：气象

出版社 .

李峰, 周广胜, 曹铭昌 . 2006. 兴安落叶松地理分布对气候变化响应的模拟, 17 (12)：2255-2260.

李加林, 王艳红, 张忍顺, 等 . 2006. 海平面上升的灾害效应研究——以江苏沿海低地为例 . 地理科学, 26 (1)：87-93.

李庆峰, 范峥, 吴穹, 等 . 2008. 全国输电线路覆冰情况调研及事故分析 . 电网技术, (9)：33-36.

联合国可持续发展大会中国筹委会 . 2012. 中华人民共和国可持续发展国家报告 .

刘杜鹃 . 2004. 相对海平面上升对中国沿海地区的可能影响 . 海洋预报, 21 (2)：21-28.

刘建华, 李枫寒, 刘大同 . 2008. 大雾天气对输电线路和电气设备的影响研究 . 电力系统装备, (7)：64-67.

刘建坤, 童长江, 房建宏 . 2005. 寒区岩土工程引论 . 北京：中国铁道出版社 .

刘连光 . 2010. 大规模电网应对空间灾害天气的问题 . 电网技术, (06)：1-5.

刘连光, 张冰, 肖湘宁 . 2009. GIC 和 HVDC 单极大地运行对变压器的影响 . 变压器, 11 (46)：22-25.

刘志明 . 2006. 客运专线综合防灾监控系统的研究 . 北京：铁道科学研究院研发中心 .

栾维新, 崔红艳 . 2004, 基于 GIS 的辽河三角洲潜在海平面上升淹没损失评估 . 地理研究, 23 (6)：805-814.

马高权 . 2009. 风沙环境下绝缘沿面放电特性研究 . 重庆：重庆大学 .

马军 . 2012. 模拟雾霾对输电线外绝缘的影响及监测装置的设计 . 武汉：华中科技大学 .

马丽萍 . 2009. 气候变化对热带气旋活动的影响 . 南京：南京信息工程大学 .

马丽萍, 陈联寿, 徐祥德 . 2006. 全球热带气旋活动与全球气候变化相关特征 . 热带气象学报 . 22 (2)：147-154.

彭谦, 李军, 卞鹏, 等 . 2010. 改进电气几何模型法在 1000kV 输电线路雷电绕击跳闸率计算中的应用 . 电网技术, (09)：155-159.

彭向阳, 黄志伟, 戴志伟 . 2010. 配电线路台风受损原因及风灾防御措施分析 . 南方电网技术, (1)：99-102.

齐锋 . 2012. 地磁感应电流对多馈入直流输电系统影响的研究 . 河北：华北电力大学 .

《气候变化国家评估报告》编写委员会 . 2007. 气候变化国家评估报告 . 北京：科学出版社 .

钱立新 . 2003. 世界高速铁路技术 . 北京：中国铁道出版社 .

钱征宇. 2002. 青藏铁路多年冻土区主要工程问题及其对策. 中国铁路, (8): 195-196.

钱正英. 2008. 江苏沿海地区综合开发战略研究–综合卷. 南京: 江苏人民出版社.

钱正英. 2012 浙江沿海及海岛综合开发战略研究–综合卷. 杭州: 浙江人民出版社.

秦大河, 丁一汇, 苏纪兰, 等. 2005. 中国气候与环境演变（上卷）: 气候与环境的演变及预测. 北京: 科学出版社.

秦大河, 丁永建, 穆穆, 等. 2012. 中国气候与环境演变（第二卷）: 影响与脆弱性. 北京: 气象出版社.

日本高速铁路技术. 2005. 北京: 铁道部科学技术信息研究所.

邵益生. 2012. 浙江沿海及海岛综合开发战略研究——城镇卷: 浙江沿海及海岛地区城镇发展与空间布局研究. 杭州: 浙江人民出版社.

邵益生, 张泉. 2008. 江苏沿海地区综合开发战略研究——城镇卷: 江苏沿海地区城镇发展与空间布局研究. 南京: 江苏人民出版社.

佘廉, 李睿, 李红九. 2004. 铁路交通灾害预警管理. 石家庄: 河北科学技术出版社.

沈东芳, 龚政, 程泽梅, 等. 2010. 1970–2009 年粤东（汕尾）沿海海平面变化研究. 热带地理, 3 (5): 461-465.

沈永平, 王国亚, 魏文寿. 2009. 冰雪灾害. 北京: 气象出版社.

施雅风. 1996. 全球变暖影响下中国自然灾害的发展趋势. 自然灾害学报, 15 (2): 102-117.

施雅风, 朱季文, 谢志仁, 等. 2000. 长江三角洲及毗连地区海平面上升影响预测与防治对策. 中国科学（D辑）, 30 (37): 225-232.

石生智. 2013. 交流特高压输电线路带电作业工器具及作业方法研究. 北京: 华北电力大学.

史耀虎. 2011. 沙尘暴导致输电导线产生电晕的机理研究. 苏州: 苏州大学.

舒印彪, 张文亮. 2007. 特高压输电若干关键技术研究. 中国电机工程学报, 27 (31): 1-6.

司马文霞, 程浩, 杨庆, 等. 2011. 沙尘环境下绝缘子交流闪络特性及机理. 高电压技术, (04): 834-840.

司马文霞, 邵进, 杨庆. 2007. 应用有限元法计算覆冰合成绝缘子电位分布. 高电压技术, (4): 21-25.

孙洪芬. 2008. 科学发展观视阈下我国海洋经济可持续发展研究. 济南: 山东大学.

孙清, 张玉淑, 胡恩和, 等. 1997. 海平面上升对长江三角洲地区的影响评价研究. 长江流域资源与环境, 6 (1): 58-64.

孙永福. 2005. 青藏铁路多年冻土工程的研究与实践, 冰川冻土, 27 (2): 53-55.

孙志林，卢美，聂会等.2014.气候变化对浙江沿海风暴潮的影响.浙江大学学报（理学版）.
    41（1）：90-94.

汤克云，焦维新，彭丰林，等.2000.空间天气对技术系统和现代战争的影响.中国科学
    （A），（30）：35-38.

田凌.2013.湖南特高压线路覆冰规律与冰情处置装备优化配置研究.长沙：长沙理工大学.

铁道部工程设计鉴定中心.2009.铁路综合接地和信号设备防雷系统工程设计指南.北京：中
    国铁道出版社.

铁道部技术委员会办公室.2005.德国科隆—法兰克福高速铁路建设与管理专集.

铁道部科技教育司.2001.国外铁路冻土技术文献汇编.

铁道部科学技术司.2002.青藏铁路多年冻土科研成果汇编.

铁道部科学技术信息研究所.2004.德国科隆—法兰克福高速铁路新线工程.

鉄道防災対策等に関する国の取組みについて.2009.鉄道と電気技術，09：3-7.

铁道科学研究院.2003.铁路沿线雷暴活动统计分析及雷电防护的研究.

鉄道における自然災害軽減のための取組み.2003.Railway Reseach Review，08：2-3.

汪双杰，等.2008.多年冻土地区公路修筑技术.北京：人民交通出版社.

王东宇，刘泉，王忠杰，等.2005.国际海岸带规划管制研究与山东半岛的实践.城市规划，
    29（12）：33-39.

王芳，田素珍.2000.海平面上升对珠江三角洲地区的社会经济及环境影响研究.中国减灾，
    10（2）：33-37.

王海军.2012.云广特高压直流输电工程直流保护功能分析及典型故障研究.广州：华南理工
    大学.

王浩东.2009.输电线路山火跳闸原因分析及对策.广西电力，（4）：43-45.

王腊春，周寅康，都金康，等.2000.海平面变化对太湖流域排涝的影响.海洋与湖沼，
    31（6）：689-696.

王念秦，姚勇.2008.季节冻土区冻融期黄土滑坡基本特征与机理.防灾减灾工程学报，
    28（2）：163-166.

王绍武，罗勇，赵宗慈.2010.关于非政府间国际气候变化专门委员会（NIPCC）报告.气候
    变化研究进展，6（2）：89-94.

王晓刚.2011.国外高速铁路灾害防治技术及管理措施研究.北京：中国铁道科学研究院.

王艳红，张忍顺，谢志仁.2004.未来江苏中部沿海相对海平面变化预测.地球科学进展，

19（6）：992-996.

王宗涛，蒋国俊，邱建立.1995.海平面上升对浙江滨海地区（包括港口及航道）的可能影响.

海洋通报，14（3）：51-57.

温克刚.2008.中国气象灾害大典（综合卷）.北京：气象出版社.

翁毅，朱竑.2011.气候变化对滨海旅游的影响研究进展及启示.经济地理，31（12）：

2132-2137.

吴迪.2013.基于多情景分层叠加的黄河流域农业干旱风险评估与区划研究.北京：中国水利

水电科学研究院博士后出站报告.

吴兑，吴晓京，朱小祥.2009.雾和霾.北京：气象出版社.

吴喜德，纪龙.2013.关于气候变化对我国港口影响及应对措施的探讨.中国水运，13（10）：

116-119.

《西北区域气候变化评估报告》编写委员会.2013.西北区域气候变化评估报告决策者摘要及

执行摘.2012.北京：气象出版社.

《西南区域气候变化评估报告》编写委员会.2013.西南区域气候变化评估报告决策者摘要及

执行摘要2012.北京：气象出版社.

夏军，李森，李福林，等.2013.海平面上升对山东省滨海地区海水入侵的影响.人民黄河，

35（9）：1-7.

《新疆区域气候变化评估报告》编写委员会.2013.新疆区域气候变化评估报告决策者摘要及

执行摘要.2012.北京：气象出版社.

徐青松，季洪献，王孟龙.2007.输电线路弧垂的实时监测.高电压技术，33（7）：206-209.

颜梅，左军成，傅深波，等.2008.全球及中国海海平面变化研究进展.海洋环境科学，

27（2）：197-200.

颜云峰，左军成，陈美香，等.2010.海平面长期变化对东中国海潮波的影响.中国海洋大学

学报，40（11）：19-28.

杨桂山.2000.中国沿海风暴潮灾害的历史变化及未来趋向.自然灾害学报，9（3）：23-30.

杨桂山，施雅风.1995.海平面上升对我国沿海重要工程设施与城市发展的可能影响.地理学

报，50（4）：302-309.

叶殿秀，陈鲜艳，张强，等.2014.1971-2003年三峡库区诱发滑坡的临界降水阈值初探，长江

流域资源与环境，23（9）：1289-1294.

于宜法，郭明克，刘兰，等.2008.海平面上升致潮波系统变化的机理（Ⅰ）.中国海洋大学

学报，38（4）：517-526.

张海东，孙照渤，郑艳，等.2009. 温度变化对南京城市电力负荷的影响. 大气科学学报，32（4）：536-542.

张华丽，董婕，延军平，等.2009. 西安市城市生活用水对气候变化响应分析. 资源科学，31（6）：1040-1045

张健.2013. 国外降水型滑坡事件个例研究. 气象科技进展，3（增刊）：23-29.

张锦文，王喜亭，王惠.2001. 未来中国沿海海平面上升趋势估计. 测绘通报，（4）：4-5.

张俊香，黄崇福，刘旭拢.2008. 广东沿海台风暴潮灾害的地理分布特征飞和风险评估（1945—2008）. 应用基础与工程科学学报，16（3）：393-402.

张凯，姚建刚，李伟，等.2008. 负荷预测中的温度热累积效应分析模型及处理方法. 电网术，32（4）：67-71.

张鲁新，等.2009. 青藏铁路多年冻土变化对线路影响的规律性研究. 兰州：中铁西北科学研究院有限公司.

张鲁新，熊治文，韩龙武.2011. 青藏铁路冻土环境和冻土工程. 北京：人民交通出版社.

张茂省，程秀娟，董英.2013. 冻结滞水效应及其促滑机理——以甘肃黑方台地区为例. 地质通报，32（6）：852-860.

张鹏春，刘巨明.1993. 改造地球生态环境的巨大工程：中国三北防护林. 内蒙古科技，（1）：12-13.

张义军，陶善昌，马明.2009. 雷电灾害. 北京：气象出版社.

张战彬.2009. 邢台西部电网输电线路防雷改进措施研究. 保定：华北电力大学.

赵奔，吴彦明，孙中伟.1990. 海岸带的景观生态特征及其管理. 应用生态学报，1（4）：373-377.

赵德应，李胜洪，张巧霞.2000. 气温变化对用电负荷和电网运行影响的初步探讨. 电网技术，（1）：55-58.

郑文振，陈宗铺.1998. 结合全球气温上升预测值的21世纪长期海平面预测方法. 海洋通报，17（4）：1-8.

郑文振.1996. 全球和我国近海验潮站及任意地点（区）的21世纪海平面预测. 海洋通报，15（6）：1-7.

中国工程院.2013. 我国气象灾害预警与应急研究.

中国工程院项目组.2011 中国能源中长期（2030、2050）发展战略研究. 北京：科学出版社.

中国南方电网公司. 2010. 电网防冰融冰技术及应用. 北京：中国电力出版社.

中国南方电网有限责任公司. 2013. 南方电网全面恢复广东受暴雨影响的客户供电. 电力安全技术, (6)：44.

中国气象局气候变化中心. 2013. 中国气候变化监测公报（2013 年）.

中国石油集团经济技术研究院. 2011. 2010 年国内外油气行业发展报告. 北京：中国石油出版社.

中国铁道科学研究院. 2010. 侧风对京沪高速铁路行车安全影响的研究.

中国铁道科学研究院. 2011. 寒区铁路路基防冻胀结构及设计参数研究.

中国铁道科学研究院. 2012a. 高速铁路安全防灾系统的研究.

中国铁道科学研究院. 2012b. 哈大线高寒动车组除防冰方案研究.

中国铁道科学研究院. 2012c. 铁路侧风安全性深化研究.

中国铁道学会. 2004. 铁路行车安全监测技术及装备论文集.

中国铁道学会安全委员会. 2009. 百年铁路安全大事记. 上海：上海交通大学出版社.

中华人民共和国铁道部. 2009. 高速铁路设计规范（试行）.

中华人民共和国铁道部. 2013. 铁路客运专线技术管理办法（试行）（300-350km/h 部分）. 北京：中国铁道出版社.

中华人民共和国住房和城乡建设部. 2011. 冻土地区建筑地基基础设计规范.

中南大学. 2012. 高速铁路大风环境对动车组运行影响深化研究报告.

中铁西北科学研究院. 2003. 青藏铁路多年冻土科研成果论文集.

钟一俊. 2008. 特高压输电技术研究和应用综述. 浙江：浙江大学.

周友斌, 忻俊慧, 王涛, 等. 2009. 2009 年湖北电网大负荷运行情况分析. 湖北电力, (33)：14-17.

朱兆荣, 李勇, 等. 青藏高原风火山综合观测站观测报告–青藏高原风火山地区气候和冻土变化特征. 兰州：中铁西北科学研究院.

宗序平, 李明辉, 熊开国, 等. 2010. 全球变暖对高温破纪录事件规律性的影响. 物理学报, 59（11）：8272-9279.

邹圣权, 孙建波, 李淼, 等. 2009. 2009 年迎峰度夏湖北电网调度运行分析. 湖北电力, (33)：1-9.

左书华, 李九发, 陈沈良, 等. 2006. 河口三角洲海岸分包及防护措施浅析——以黄河三角洲及长江三角洲为例. 中国地质灾害与防治学报, 17（4）：97-109.

Adolf K Y Ng, Shu- Ling Chen, Stephen Cahoon, et al. 2013, Climate change and the adaptation
strategies of ports: The Australian experiences. Research in Transportation Business & Management,
8: 186-194.

Becker A, S Inoue, M Fischer, et al. 2011. Climate change impacts on international seaports:
knowledge, perceptions and planning efforts among port administration. Climatic Change, 110 (1-
2): 5-29.

Bindoff N L, et al. 2007. Climate Change 2007: The Physical Science Basis. Contribution of Working
Group I to the Fourth Assessment Report of the Intergovernmental Panel on Climate Change//S D
Solomon, D Qin, M Manning, et al. Cambridge, UK, USA.

Fleming R A, Candau J N, McAlpine R S. 2002. Landscape- scale analysis of interactions between
insect defoliation and forest fire in central Canada. Climatic Change, 55: 251-272.

Huang Y, Yin B S, William Perrie, et al. 2008. Responses of summeritime extreme wave hights to
local climate variation in the East China Sea. JGR, 113 (C9): 31-43.

Idso C, Singer S F. 2009. Climate Change Reconsidered: Report of the Nongovernmental Panel on
Climate Change (NIPCC) . Chicago, IL: The Heartland Institute.

Idso C D, Carter R M, Singer S F. 2013. Climate Change Reconsidered II: Physical Science. IL: The
Heartland Institute.

Idso C D, Idso S B, Carter R M, et al. 2014. Climate Change Reconsidered II: Biological
Impacts. Chicago, IL: The Heartland Institute.

Nabuurs G J, Pussinen A, Karjalainen T, et al. 2002. Stemwood volume increment changes in
European forests due to climate change-a simulation study with the EFISCEN model. Global Change
Biology, 8: 304-316.

Natalie Kopytko, John Perkins. 2011. Climate change, nuclear power, and the adaptation- mitigation
dilemma. Energy Policy, 39: 318-333.

Nicholls R, Hanson S, Herweijer C, et al. 2007. Ranking port cities with high exposure and
vulnerability to climate extremes: Exposure estimates. OECD Environmental Working Paper 1, ENV/
WKP (2007) 1. OECD, Paris.

Singer S F. 2008. Nature, not human activity, rules the climate: summary for policymakers of the report
of the Nongovernmental International Panel on Climate Change. Chicago: The Heartland Institute

Song X ZH, Peng C H , Zhou G M, et al. 2014. Chinese Grain for Green Program led to highly increased soil organic carbon levels: A meta- analysis. Scientific Reports. 4, doi: 10. 1038/srep04460.

Wang Y J, Chen X Y, Yan F. 2015. Spatial and temporal variations of annual precipitation during 1960-2010 in China. Quaternary International, (380-381): 5-13.

Xu Chong-Hai, Xu Ying. 2012. The projection of temperature and precipitation over China under RCP scenarious using a CMIP5 multi-model ensemble. Atmos. Oceanic Sci. Lett. , 5 (6): 527-533.

Yang Y Q, Zuo J C, et al. 2012. Cost – benefit analysis of adaptation to sea level rise in major vulnerable regions along the coast of China. ISOPE-2012 Conference. RHODES, Greece.

Zuo J C, Yu Y F, Bao X W, et al. 2001. Effect of sea level variation upon calculation of engineering water level. China Ocean Engineering, 15 (3): 383-394.

# 附录　课题组成员名单

**课题组长：**

杜祥琬　中国工程院　院士

**课题副组长：**

丁一汇　国家气候中心　院士

**综合组：**

组　长：丁一汇　国家气候中心　院士

　　　　巢清尘　国家气候中心　副主任、研究员

成　员：陈鲜艳　国家气候中心　研究员

　　　　徐　影　国家气候中心　研究员

　　　　姜　彤　国家气候中心　研究员

　　　　梅　梅　国家气候中心　工程师

**专题1：水工程和水安全**

组　长：陆佑楣　中国长江三峡集团公司　院士

　　　　王　浩　中国水利水电科学研究院　院士

副组长：严登华　中国水利水电科学研究院　教授级高工

成　员：肖伟华　中国水利水电科学研究院　高级工程师

　　　　尚存良　中国长江三峡集团公司　陆佑楣院士秘书

　　　　鲁　帆　中国水利水电科学研究院　高级工程师

　　　　杨贵羽　中国水利水电科学研究院　教授级高工

　　　　陆垂裕　中国水利水电科学研究院　教授级高工

李传哲　中国水利水电科学研究院　高级工程师

秦天玲　中国水利水电科学研究院　工程师

张冬冬　中国水利水电科学研究院　博士生

陈争杰　中国水利水电科学研究院　硕士生

**专题2：道路工程**

组　　长：孙永福　原铁道部　院士

　　　　　钱征宇　中国铁路总公司　研究员

成　　员：罗庆中　中国铁道科学研究院　研究员

　　　　　韩龙武　中铁西北科学研究院有限公司　高级工程师

　　　　　王晓刚　中国铁道科学研究院　副研究员

　　　　　胡所亭　中国铁道科学研究院　副研究员

　　　　　付茂金　中国铁道科学研究院　研究员

　　　　　王　彤　中国铁道科学研究院　研究员

　　　　　熊治文　中铁西北科学研究院有限公司　教授级高工

　　　　　杨永鹏　中铁西北科学研究院有限公司　高级工程师

　　　　　赵相卿　中铁西北科学研究院有限公司　工程师

　　　　　张　芳　中铁西北科学研究院有限公司　高级工程师

　　　　　牛　丰　中国铁路总公司　高级工程师、孙永福院士秘书

**专题3：能源工程和安全**

组　　长：王玉普　中国工程院　院士

副组长：黄维和　中国石油天然气股份有限公司副总裁　院士

成　　员：韩景宽　中国石油规划总院　副院长

　　　　　孙春良　中国石油规划总院　教授级高工

　　　　　武　斌　中国石油规划总院　高级工程师

　　　　　罗　勇　清华大学地球系统科学研究中心　教授

　　　　　江　滢　中国气象局公共气象服务中心　研究员

　　　　　赵　东　中国气象局公共气象服务中心　副研究员

罗志伟　中国石油天然气股份有限公司　工程师、院士助手

邢　佩　清华大学地球系统科学研究中心　博士后

## 专题4：沿海工程安全

组　长：邹德慈　中国城市规划设计研究院　院士

副组长：邵益生　中国城市规划设计研究院　党委书记兼副院长、
研究员

成　员：徐一剑　中国城市规划设计研究院城镇水务与工程研究分院
副研究员

张　全　中国城市规划设计研究院水务与工程研究分院
院长、教授级高工

方　煜　中国城市规划设计研究院深圳分院　副院长、
教授级高级城市规划师

王家卓　中国城市规划设计研究院水务与工程研究分院
副所长、高级工程师

蒋国翔　中国城市规划设计研究院深圳分院　工程师

周　详　中国城市规划设计研究院深圳分院　助理城市规划师

李　浩　中国城市规划设计研究院院士工作室
高级城市规划师

## 专题5：生态环境与安全

组　长：李泽椿　中国气象局国家气象中心　院士

成　员：郭安红　国家气象中心　研究员

毕宝贵　国家气象中心　主任、研究员

侯英雨　国家气象中心　研究员

毛留喜　国家气象中心　研究员

钱　拴　国家气象中心　研究员

延　昊　国家气象中心　研究员

朱　蓉　国家气象中心　研究员

徐玲玲　国家气象中心　高级工程师

张国平　公共气象服务中心　研究员

许红梅　国家气候中心　研究员

高　歌　国家气候中心　研究员

王月冬　国家气象中心　高级工程师

**专题 6：电网安全**

组　　长：李立涅　中国南方电网有限责任公司　院士

副组长：饶　宏　南方电网科学研究院　董事长、院长、教授级高工

成　　员：许爱东　南方电网科学研究院　教授级高工

　　　　　戴　栋　华南理工大学　教授

　　　　　韩永霞　华南理工大学　讲师

　　　　　阳　林　华南理工大学　讲师

　　　　　金小明　南方电网科学研究院　教授级高工

　　　　　傅　闯　南方电网科学研究院　教授级高工

　　　　　李　昊　南方电网科学研究院　工程师

**课题组办公室：**

主　任：王元晶　中国工程院二局　副巡视员

成　员：张　健　中国工程院二局环境学部办公室　副主任

　　　　刘晓龙　中国工程院咨询服务中心

　　　　宋亚芳　国家气候中心　高级工程师

　　　　梁真真　中国工程院二局环境学部办公室